仏教思想家
ひろさちや

「お迎え」の思想

極楽浄土への往《ゆ》き方

佼成出版社

「お迎え」の思想――極楽浄土への往き《ゆ》方

目次

装丁デザイン　上野かおる
カバーイラスト　金　斗鉉

＊本書は故ひろさちや氏の仕事部屋から発見された書き下ろし原稿を、ご遺族の了承を得て発刊したものです。（編集部）

「お迎え」の思想

——極楽浄土への往《ゆ》き方

プロローグ　ある禅者の臨終

一休禅師と蜷川新右衛門

一休禅師といえば、室町時代の著名な禅僧です。というより、頓智小坊主の「一休さん」のほうが有名ですね。

その一休禅師に禅を学んだ在家の弟子に、蜷川親当《になかわちかまさ》、通称は新右衛門尉《しんえもんじょう》がいます。足利幕府の政所公役《まんどころくやく》に任ぜられ、京都沙汰人《さたにん》を務めた人物です。彼はまた連歌もよくし、当時の連歌七賢の一人とされていました。

この蜷川親当の死が文安五年（一四四八）五月十二日。

いよいよ危篤との報《しら》せで、親類縁者が大勢、彼の枕許《まくらもと》に集まっていました。

そのとき、奇蹟が起きたのです。

いや、それを〝奇蹟〟と呼ぶより、やはり〝奇瑞《きずい》〟と表現したほうが仏教的ですね。〝奇蹟〟のほうは、どうもキリスト教的です。

その「奇瑞」を、『一休咄《いっきゅうばなし》』（禅文化研究所刊『一休ばなし集成』による）は左のように描写しています。

《かかる愁歎の折ふし、青青たる西の空より紫雲たなびき、空中におおい、音楽聞こえ、異香《いきょう》薫じ花ふり、妙《たえ》なるかな三尊二十五菩薩、赫赫《かくかく》たる聖衆《しょうじゅ》を引き連れ、ま近く来迎《らいごう》し給う。不思議なりとも、なかなかありがたかりける瑞相《ずいそう》なり。疑いもなく新右衛門は、西方十万億土極楽世界に往生せしめて、九品上刹《くぼんじょうせつ》の台《うてな》に至らんことは、掌《たなごころ》を見るが如しと、おのおの感にたえざるはなかりけり》

——西の空に紫雲がたなびき、妙なる音楽が聞こえ、芳香があたりにただよい、花びらが落ちてきます。やがて、観音、勢至の両脇侍と二十五菩薩を率いた阿弥陀如来《あみだにょらい》が雲間より出現されます。すなわち、

——阿弥陀如来のご来迎——

があったのです。これで、蜷川新右衛門親当が西方十万億土の彼方にある極楽世界に往生できることはまちがいありません。集まって来た親類縁者はこの奇瑞を喜んでいました。

そして、嫡子の蜷川親元《ちかもと》が父親に言います。

《いかに、あれ御覧候え、頼もしく思し召されて、往生安全にとげ給え》

と。お父上、お喜びください。ほれ、阿弥陀如来のご来迎ですよ。どうか安心して極楽

往生してください。息子はそう言ったのです。

ところが、ご当人の新右衛門は、その阿弥陀如来のご来迎を喜ぶかと思いきや、わが子をにらみつけて、

《それ、弓馬の家に生まれけるものは、たとえば安養浄刹《あんようじょうせつ》(＝極楽浄土)にいたりて九品蓮台に座すとも、弓箭《きゅうせん》を忘るべきにあらず。書院の床に立て置きたる重籐《しげどう》のぬりごめ(＝大将などの持つ弓)に、矢添えてもち来たるべし》

と命じます。何を言っとるか。馬鹿を言うな。弓矢を持って来い！というわけです。

そして彼は、息子が持って来た弓でもって、阿弥陀仏の胸板に矢をぶち込みます。

矢はあやまたず阿弥陀仏を射抜きました。

その瞬間、紫雲もご来迎の聖衆も、すべてが消え失せてしまった。

おかしい……と思って人々が調べてみると、年をへた貉《むじな》が一匹、裏庭で死んでいました。

ここでちょっとコメント(注釈)を付けたいところですが、流れを中断してしまいますので、蜷川新右衛門の臨終のシーンをつづけます。

新右衛門はそのあと、辞世の歌をつくって息を引き取りました。その辞世の歌は、

《生まれぬるそのあかつきに死にぬれば
きょうのゆうべは秋風ぞふく》

というものです。新右衛門の死は五月十二日ですから、〝秋風〟はちょっと変ですが、これは道歌だから、まあ大目に見てやってください。

このあと、『一休咄』は奇妙なことを書いています。すなわち、蜷川新右衛門の葬儀の導師を一休禅師にお願いしよう……ということで、彼の死骸を一休のところに運び込みます。すると一休は棺桶を叩いて死者を起こし、死者と問答するのです。

いくらなんでも、これは変ですね。

そこでわれわれは、新右衛門が息を引き取る直前に、旅に出ていた一休が駆けつけて来たことにしておきましょう。つまり、棺桶に片足を突っ込んだ状態です。

一休禅師は弟子の新右衛門に問いかけます。

「どうじゃ、引導はいるか？」

その問いに、新右衛門は道歌でもって答えます。

《ひとり来てひとり帰るも我なるを

道教えんというぞおかしき》

この弟子の道歌に、師もやはり道歌でもって応じています。

《ひとり来てひとり帰るも迷いなり
　来たらず去らぬ道を教えん》

わたしは、一休と蜷川親当のこの道歌の遣り取りの背後に、『無量寿経』の、《人《ひと》、世間の愛欲の中に在りて、独り生れ、独り死し、独り去り、独り来る（人在世間愛欲之中、独生独死独去独来）》

といった言葉を思い浮かべます。

まあ、ともあれ、蜷川新右衛門親当は、師の一休禅師に看取られながら、あの世に旅立っていったのです。

集団幻想としてのご来迎

『一休咄』の巻之三の冒頭にある、「蜷川新右衛門、末期に化生を射る事」と題されたこの話、わたしの大好きな話です。だが、この話で、わたしの気に入らない点が一つだけあります。

それは、狢を登場させていることです。狢なんて出てこなければ、この話はもっと含蓄に富んでいると思いますね。

ところで、ここで問題になっているのは、じつは、

――「お迎え」の思想――

です。「お迎え」は「来迎」とも言います。〝来迎〟は〝らいこう〟〝らいごう〟のどちらでもよいようです。浄土に往生したいと願う人々の臨終に、仏や菩薩が迎えに来てくださるという思想が、平安時代の中期に一般化されました。そういう思想を背景にして、蜷川新右衛門の臨終に阿弥陀仏のご来迎があったのです。

ところが、ここで読者は、さも訳《わけ》知り顔に、

「本当は、阿弥陀仏のご来迎なんてなかったんだよね。じつをいえば、あれは狢の仕業だったんだよね……」

と言う可能性があります。それが困るのです。そんなふうに解釈されてしまうと、この

話の意味がわからなくなります。

じつは、一休さんに関する逸話のほとんどが江戸時代につくられたものです。そして、江戸時代の作者が仏教思想に弱いもので（あるいは仏教思想を曲解して）、話を合理的にみせかけようとして、変なところに狢を登場させてしまったのです。

でもね、「ご来迎」なんて子ども騙しではないか、それよりは狢の仕業にしたほうが合理的だ、といっても、それは江戸時代の合理性です。現代にあっては、そんな合理性は通用しません。わたしたちは、わたしたちの感覚からしてこちらのほうが合理的だと思って、仏教の説話を現代風に解釈することをします。しかし、それは、あくまでも「現代の合理性」です。そして、それが後世の人々の失笑を買うはめにならぬともかぎりません。仏教説話を学ぶとき、このことに気をつけておくべきでしょう。

そういうわけで、読者はいったん狢を忘れてください。

すると、こうなります。

蜷川新右衛門の臨終に、阿弥陀仏のご来迎の奇瑞がありました。

この現象をどう説明すればよいか……？

わたしは、それを「集団幻想」だと思います。

集団幻想は、心理学の用語では「誘導妄想」と呼ばれます。

《誘導妄想》（Ⓕdélire induit）一人が妄想をもっているとき、他のものがこれに暗示されて同じ内容の妄想をもつこと。《集団妄想》（Ⓕdélire collectif）または《誘導性精神病》（Ⓕpsychose induite）と称せられるものにみられる。なお、何もないのに他人が〝見える〟というと、見えると信ずる場合の《誘導幻覚》（induced hallucination）もある》（宮城音弥編『岩波・心理学小辞典』）

ちょっとむずかしい説明ですが、要するに誰かがご来迎があると信じていれば、そこにいる全員が暗示にかかってご来迎を信じてしまうのです。当時（室町時代）の人々は、たいていがご来迎を信じていましたから、蜷川新右衛門の臨終にご来迎といった現象が起きたのは、不思議でも何でもありません。われわれはこれを誘導妄想だとしておきましょう。

では、なぜ新右衛門は、せっかくお迎えに来てくださった阿弥陀仏の胸倉を矢で射るようなことをしたのでしょうか……？

『一休咄』はここに狢を登場させたもので、まるで新右衛門を除いた全員が狢に誑《たぶら》かされ、新右衛門一人だけが冷静にそれが狢の仕業であることを見抜き、その狢を射殺することによって皆を正気に戻すことができた……といった筋書きになってしまいました。

けれども、それは違うのです。

それが違っている証拠には、新右衛門にだって阿弥陀仏のご来迎が見えていたのです。見えていたからこそ、彼は阿弥陀仏の胸倉を射ることができたのです。彼に見えていないのであれば、どうして正確に阿弥陀仏の胸倉を射ることができましたか?!

ですから、その場においては、新右衛門を含めて全員が、誘導妄想、集団幻想にかかっていたのです。

ということは、実際に阿弥陀仏のご来迎が起きていたのです。

しかし、禅者は「ご来迎」の世話にならない

しかしながら、新右衛門には、そのご来迎を受け容れることができません。お迎えに来てくださった阿弥陀仏に向かって、彼は、

「俺にはお迎えなんて要らん！　阿弥陀さんよ、あんたは邪魔なんだ。さっさと消えてなくなってくれ！」

と言わざるを得なかった。だから、そのために、彼は弓矢を持ち出してきたのです。われわれはそう解釈すべきです。

こんなところに狢を持ち出すなんて、まったく何もわかっていないのです。

では、なぜ新右衛門は阿弥陀仏のお迎えを受け容れることができなかったのでしょうか？「なかなかありがたかりける瑞相」であるはずのご来迎を、彼が拒絶せざるを得ない理由は何でしょうか……？

それは、彼が一休禅師に師事して、禅を学んでいたからです。

浄土の教えを信ずる者にとっては、阿弥陀仏のご来迎は、もちろん喜ぶべき現象です。奇瑞です。阿弥陀仏がみずからわたしたちをお迎えに来てくださり、お浄土に連れて行ってくださるのです。これほどありがたいことはありません。

だが、禅を学んでいる者にとっては、それではいささか困るのです。

禅においては、わたしたちが死んだらお浄土に往生する——といったふうには教えていません。

じゃあ、禅は、われわれが死ねばどうなると教えているのか？

その問いに簡単に答えることは不可能です。それについては、われわれはのちほど、じっくりと考察しましょう。

ここでは、読者に、一休禅師の道歌を読んでいただきます。

《なにごともみないつはりの世の中に
　死ぬるといふもまことならねば》

《本来もなきいにしへの我《われ》なれば
　死にゆくかたもなにもかもなし》

《はじめなくをはりもなきにわがこころ
　生れ死するも空《くう》の空《くう》なり》

《生れては死ぬるなりけりおしなべて
　釈迦《しやか》も達磨《だるま》も猫も杓子《しやくし》も》

《焼き捨てて灰になりなばなにものか

残りて苦をば受けんとぞおもふ》

まあ、なんとなく、禅においては、

――「空《くう》」――

といった言葉がキーワードになりそうだ、とわかっていただけば充分です。あるいは、少しヒントを差し上げておきますと、禅においては、死後の世界についてはいっさい、

――「考えるな！」――

と教えています。死後の世界があるとも、ないとも考えない。それが禅の基本的態度です。

だとすれば、禅者である蜷川新右衛門にとっては、阿弥陀仏のご来迎は、つまりは、

――迷い――

にほかなりません。だって、そうでしょうよ。彼が禅者であるかぎり、彼は死後の世界について考えてはならないのです。にもかかわらず、そこに阿弥陀仏のご来迎があった。それは、彼にとっては、禅の教えの理解が未徹底であることの証明になります。

そういう言い方が許されるかどうかはわかりませんが、禅者にとっては、阿弥陀仏も化《ばけ》

物《もの》も幽霊も、まったく同じ存在なんですよね。

それ故、彼は、阿弥陀仏の胸倉を射る。

すると集団幻想は消滅します。ご来迎の奇瑞がなくなりました。

そこで、江戸時代の人間は狢を登場させました。

われわれ現代人であれば、その瞬間に集団幻想が消えた——といった説明で納得できるのですが、室町時代、江戸時代の人間にそんな説明はできません。彼らは、それで狢を登場させました。そのための狢なんだと思ってください。

死後の世界の有無を考えないためのお浄土

ともあれ、室町時代の蜷川新右衛門親当といった、一禅者の臨終は、なかなか象徴的な事件でありました。ここには、仏教の死後の世界観がよくあらわれています。
すなわち、
禅の立場からすれば……死後の世界については、「考えるな！」と教えている。

浄土教の立場からすれば……われわれの臨終に阿弥陀仏の「ご来迎」がある。といった二つの考え方が、ちゃんと出て来ているのです。

ところで、禅の立場からする「考えるな！」ですが、これが死後の世界に対する仏教の基本的態度です。本論で詳しく述べますが、仏教の開祖である釈迦が、このような態度をとっておられます。

けれども、この態度だけではだめなんです。

なぜなら、これはエリートの姿勢です。

仏教におけるエリートとは、要するに出家者です。出家した僧であれば、死後の世界について「考えるな！」と教わって、「はい、では考えません」と、考えずにいることができます。もちろん、そう簡単にはできませんよ。それができるためには相当のトレーニング（修行）が必要ですが、出家者にはそのための時間があります。だって、出家者というのは、現代風に呼べば、

――ホームレス――

です。ホームレスには暇がたっぷりある（はず）ですから、修行ができるわけです。

だが、在家の人間は、そうはいきません。

在家信者には、修行する時間がふんだんにあるわけではありません。

そこで、そういう在家信者のために、仏教においては、

――お浄土――

がつくられました。そう思ってください。

お浄土とは何か？　これも、いずれ本論において詳しく解説します。ここでは、ともかく、お浄土は仏国土であり、ほとけの国だと思ってください。わたしたちが死んだあと、そこに生まれる世界です。

ホームレスのお坊さんであれば、修行を積むことによって、死後の世界について考えずにおられるだけの強い精神力を養うことができますが、そうした修行を積めない在家信者は、どうしても死後の世界について考えてしまいます。死んだらいったいどうなるのだろうか……と不安になります。

そこで、そういう在家の人間のために、仏教では、

――死ねばお浄土に生まれる――

と教えています。在家信者は、お浄土を信ずることによって、死後はどうなるのか……といった不安を解消できます。そして、死後の世界について、考えずにおられるのです。いいですか、ここのところが大事ですよ。大乗仏教においては、お浄土が存在している――と言っているのではありません。そうではなくて、われわれは死後、お浄土に往《ゆ》き生まれると信じなさい――と教えているのです。そして、信ずれば、考えないでおられるのです。

ポリネシアであったかメラネシアであったか忘れましたが、太平洋のどこかの島に住む原住民のあいだでは、死の直前に、

「わたしは死んだらあの星に生まれる」

と、自分の好きな星を指定して死んでいくそうです。いいですね。そのように信じて死んでいける人間が、うらやましいですね。

それにくらべて、現代日本人のうちには、『人は死ねばゴミになる』といった本を書いた人がいました。伊藤栄樹という人です。どちらの人間性が上か、言うまでもありません。一方は、美しい星で、一方は汚いゴミなんですから。

人は死ねばゴミになる——。これは別段、真実ではありません。たんなる信念です。そして、そのような信念が、現代日本社会を殺伐とさせているのです。

死ねばゴミになるのですから、人間は生きているあいだしか「意味」がなくなります。そうすると、わたしたちは、生きるためには何をしてもいい……といった考え方になってしまいます。他人を傷つけようが、大勢の人々を泣かせようが、ともかく自分が生きればいい。そういった論理になります。自分が生きるためには、まだ生きている人間を死んだことにして、その心臓をもらっても構わない。そもそも死んだ人間はゴミなんだから、その心臓を移植することは廃物利用である。そうした考え方が支配的になります。まことに殺伐とした論理ですよね。

注意しておいていただきたいのは、人は死んだらゴミになるというのも、その人がそう信じているのです。人が死んだらほとけの国、お浄土に往き生まれるというのも、その人がそれを信じているのです。死んだらあの星に棲むというのも、その人がそれを信じているのです。

死後の世界については、すべてが「信じている」ということなのです。いずれが真実か、わたしたちにはわかりません。決めようがありません。

なのに、人が死んだらお浄土に往き生まれると言うよりも、人は死んだらゴミになるといった発言のほうが、現代日本人には真実のように聞こえます。その理由は、わたしは、現代日本人が、

——科学教という名のインチキ宗教——

に引っ掛かっているからだと思います。

どうも日本人は、「科学」に弱いんです。「科学」を妄信しています。

もちろん、科学にはいい面もあります。けれども、それを盲信するのはどうでしょうか。わたしたちは、もっと科学に対して批判的であるべきです。

それはともかく、お浄土といったものは、死後の世界が存在している、と言っているのではないのです。それは、人が死んだらゴミになる——といった発言が、死後の世界は存在していないといった主張でないのと同じことです。人が死んだらゴミになるという発言は、要するにその人の信念を述べたものにすぎません。と同様に、人は死んだらお浄土に往き生まれると言うことも、その人の信念・信仰を表明したものなのです。

そして、死ねばお浄土に往生すると信じていれば、その人は、死後の世界があるのだろうか、ないのだろうか、と、考えずにいられます。つまり、釈迦が教えられた「考えるな！」になるわけです。

そのためのお浄土なんです。わたしたち凡夫が、死後の世界の有無についてあれこれ迷って考えないように、大乗仏教では、人は死んだらお浄土に往生するのだ――と教えているのです。そのように思ってください。

お浄土に往くエネルギー

もうだいぶ本論を先取りして述べていますが、もう一つだけ言っておきます。

わたしたちは死んだあと、お浄土に往き生まれます。往き生まれるというのが、

――往生――

です。「極楽往生」とも言います。

もっとも、〝往生〟といった語は、

《①［仏］この世を去って、他の世界に生まれ変わること。特に死後、極楽に生まれること。②死ぬこと。「―を遂げる」③抵抗などをあきらめること。断念すること。「いい加減に―しろ」④非常に困ること。「英語が通じなくて―した」》（『辞林21』）

といったふうに、変な意味もあります。しかし、ここでは、①が正しい意味です。

さて、問題は、そのエネルギーです。

いかなるエネルギーでもってして、わたしたちはお浄土に往生できるのでしょうか……？

普通に考えられるのは、修行によるエネルギーです。わたしたちは修行を積んで蓄積した功徳のエネルギーでもって、お浄土に往生できる、と考えることができます。

実際、そういった考えはありました。古代のインド人が考えた、

――苦行の理論――

がそれです。古代のインドでは、苦行を〝タパス〟と言います。これは「熱的物質」と訳せる言葉です。断食に代表されるような苦行をすると、苦行者の体内にタパス（熱的物質）が蓄積されます。そして、そのタパスが苦行者を羽化登仙させてくれるのです。羽がはえた仙人になり、天界に昇れるというわけです。

あるいは、この世の中でいいことをすれば、その善業の功徳でもって来世は天界に生まれることができる、といった考え方も、その人の積んだ修行のエネルギーがその人を天界に送り込むという理論です。

だが、お浄土に関しては、その理論は成立しません。

なぜなら、お浄土というのは、あまりにも遠い世界です。極楽浄土の所在地は、

――西方十万億土――

の彼方だとされています。とてもとても、わたしたち凡夫が修行によって蓄積したエネルギーでもってしては、行き着くことのできない遠方です。

では、どうしたらお浄土に往くことができますか？

結論を言ってしまえば、人間の力でもってしては、お浄土に往くことは不可能です。

人間の側には、それだけのエネルギーがありません。

そこで、仏のほうからの力が必要になります。

われわれは、仏の力によって招き寄せられて、お浄土に往けるのです。

それが、つまりは、

――他力――

の思想です。

そして、その「他力」の思想の当然の結論として、

――「お迎え」の思想――

が出てきます。わたしたちは仏の力によってお浄土に往けるのです。仏がわたしたちをお浄土に呼び寄せてくださる。ということは、わたしたちの臨終に、仏がお浄土からわれわれを迎えに来てくださる――。そういった考え方が成立するのです。

「お迎え」の思想とは、そういうものです。

そして、そこのところをもう少し詳しく検討してみよう……というのが、本書の目的です。

ところで、ちょっと驚いたことがあります。というのは、その、

――〝お迎え〟――

といった言葉ですが、わたしなどは、「お迎え」といえば、阿弥陀仏が臨終にわれわれを迎えに来てくださることだと思っていたのですが、若い人たちにとってはそうではなさそ

うです。最近、十数人の大学生に尋ねてみましたが、彼らは、

――死《し》に神《がみ》が迎えに来る――

――地獄から閻魔王《えんまおう》、あるいはその使者が迎えに来る――

と思っていました。びっくりしましたね。

それで、あわてて辞書を引いてみました。

《おむかえ［御迎え］①「迎え」の尊敬語。②盆に祖先の精霊を迎えること》（『広辞苑』）

《おむかえ［御迎え］…①迎えることの丁寧語。…②お盆に祖先の霊を迎えること。また、その時に燃やす火。③臨終の時に、仏が人を浄土へ呼ぶために現れること。御来迎（ごらいごう）》（『大辞林』）

《おむかえ［御迎］…①人を迎えることを丁寧に言ったり、迎える相手を敬って言ったりする語。おむかい。②お盆に祖先の霊を迎えること。また、そのとき焚く火。おむかい。③臨終の時に仏が浄土に導くために迎えにくること。御来迎（ごらいごう）。おむかい》（『日本国語大辞典』）

こうしてくらべてみると、どうも『広辞苑』はだめですね。『広辞苑』で見るかぎり、い

まの若い人たちが、〝お迎え〟を死に神が迎えに来ることだと思ってしまうのも無理はありません。（但し、『広辞苑』の第七版には、①②に続けて、③臨終のときの来迎（らいごう）、と記されています。編集部注。）

日本の庶民は、臨終において仏が死者を浄土に導くためにお迎えに来てくださると信じていました。そういう信仰がまぎれもなくあったわけです。だから辞書には、そういう意味での〝お迎え〟といった言葉が収録されています。

そこで、そのような信仰が、いつの時代、どのようにしてできたか、そしてまた、それがどのようにして消えてしまったのかを、われわれは考察してみたいのです。それが本書のテーマであります。

第一章

「考えるな！」

「毒箭の喩」

釈迦世尊が舎衛城《しゃえじょう》（シュラーヴァスティー）の祇園精舎《ぎおんしょうじゃ》（ジェータヴァナ・ヴィハーラ）におられたときのことです。

マールンクヤ（摩邏迦《まらか》）という名の弟子が、何か思い詰めたような面持ちで、世尊のところにやって来ました。

じつはマールンクヤは、これまでたびたびお釈迦さまに質問していました。

質問の内容は、

――この宇宙は有限か？　無限か？

――霊魂と身体は同一か、各別か？

――人間は、死後も存在するか、しないか？

といったような、当時の思想界での流行の問題でした。哲学青年であったらしいマールンクヤにとっては、それらの問題は重要問題であり、釈迦世尊が説法される機会を捉えては、彼はそれらの質問を世尊にぶつけてきたのです。

だが、世尊は彼の質問に、一度も明快な解答を与えられません。

それで彼は、その日、世尊に迫ったのです。

「世尊よ。きょうこそはわたしの質問にお答えください。もしも世尊が相変わらず返答を拒まれるのであれば、わたしはもう世尊のこの教団を去って、俗世に還ろうかと存じます」

釈迦はしばらく沈黙のまま、青年のマールンクヤを見ておられました。そして、静かに口を開いて、こう語られました。

「マールンクヤよ。ここに一人の男があって、毒矢（毒箭）で射られたとする……」

釈迦はしばしば譬喩でもって語られます。お釈迦さまは譬喩の名人でした。仏典を読むたびに、わたしはそう感じます。

……一人の男が毒矢で射られた。それで、友人たちが医者を呼んで来て、その男の治療をさせようとした。だが、その男は言う。わたしはまず知りたい。わたしを射た者は何者であるか？　わたしを射た矢は、いかなる弓から発されたのか？　この矢に塗られていた毒は、いかなる毒か？　それらのことが解明されぬうちは、この矢を抜いてはならぬ。治療をしてはならない。そういう男がいたとすれば、マールンクヤよ。そなたはどう思うか……?

その男は、おそらく死んでしまうだろう。

お釈迦さまはそう言ったあと、しばらく言葉を中断されます。

きっとマールンクヤは冷や汗を流していたでしょう。その愚かな男が、ほかならぬわが身のカリカチュア（戯画）であることに、マールンクヤはとっくに気づいていたはずです。

そのあと、釈迦世尊はこのように言葉を続けられました。

「マールンクヤよ、宇宙は有限か無限か、霊魂と身体は同一か別異か、人間は死後もなお存続するか否か、たとえそのような問題に答えたとて、われらの苦なる人生の諸問題の解決にはならないのだよ。われらはこの現在の生において、この苦なる人生を克服せねばならないのだ。

それには、マールンクヤよ。わたしの説かなかったことは、説かなかったままに受持するがよい。そして、わたしの説いたことは、説いたままに受持するがよい。

では、わたしが説いたこととは何か……?〝これは苦である〟とわたしは説いた。〝これは苦の原因である〟とわたしは説いた。〝これは苦の原因の滅にいたる道である〟とわた

し は説いた」

このようにマールンクヤに語り聞かせて、釈迦世尊は説法を終えられました。これが有名な、

――毒箭《どくせん》の喩《たとえ》――

であります。『摩邏迦《まらか》小経』(『中部経典』六三。漢訳「箭喩経」『中阿含経』二二一)に出てきます。

釈迦の説法は、古来、

――対機説法――

と呼ばれています。相手の機根(性質や能力)に応じて、それにふさわしい、わかりやすい説法をされたのです。

釈迦は哲学青年であるマールンクヤを、彼が抱いている形而上学的な興味が現実人生といかに懸け離れたものであるかを、見事な譬喩でもって説得されたのです。そして、そのような形而上学的な問題と訣別することを、哲学青年に教えられました。その釈尊の教えによって、マールンクヤは、自分がいかに馬鹿げた、無用の、空虚なる問いにこだわって

いたかを知ることができたのです。

そして、わたしたちもまた、マールンクヤに教えられたお釈迦さまの言葉を、しっかりと銘記しておく必要があります。すなわち、

——われわれは、釈迦が説かれなかったことを、説かれなかったままに受持せねばならない——

——われわれは、釈迦が説かれたことを、説かれたままに受持せねばならない——

のです。それが仏教者としての基本的態度だと思います。

捨置記——無意味な問いに対する沈黙

哲学青年であったマールンクヤは、お釈迦さまに、

「死後の世界はあるのか？　ないのか？」

と尋ねて、結局は明解な返答が得られませんでした。お釈迦さまは、そのような事柄についてはわたしはいっさい説かない。そなたは、わたしの説かないことを説かないままに

受持せよ、と言われたのです。

それは、つまりは、死後の世界の有無については、いっさい、

――「考えるな!」――

と教えられたことになります。この「考えるな!」が、死後の世界に対する仏教の基本姿勢なのです。

では、なぜ釈迦は、死後の世界について「考えるな!」と教えられたのでしょうか……?

この「考えるな!」といった答えは、仏教の術語でいえば、

――「捨置記《しやちき》」あるいは「無記答《むきとう》」――

といいます。

釈迦は、弟子たちや他の思想家たちからいろんな質問を受けたとき、いつも次の四つの答え方の一つでもって応じられたといいます。それを「四記答」といいますが、
1　一向記《いつこうき》(定答)……相手の質問に対して、ただ「然り!」と答える場合です。
2　分別記《ふんべつき》(分別答)……相手の質問を分析して、いろいろなケースに分け、その一つ一つにイエス・ノーを答える場合です。

3　反詰記《はんきつき》（反問記、反問答）……質問者に反問して、相手の問いの意味を明らかにした上で解答されているケースです。

4　捨置記（無記答）……答えるに足らない問いや、答えるべきでない問いを、沈黙を守るかたちで捨て置いて、答えない場合です。あるいは、その問いには自分は答えをしない、と告げられるケースもあります。

この四つです。そして、おわかりと思いますが、この最後の捨置記が、マールンクヤの質問に対して使われたのです。

では、なぜ釈迦は、死後の世界の有無に対して捨置記を使われたのでしょうか？　マールンクヤに言っておられるところからしますと、マールンクヤにとってその疑問が無意味であるから、ということになりそうです。

たしかに、ある状況において、無意味な質問があります。

たとえば、火事のときに、懸命な消火活動をしている人に向かって、

「この火事の原因は何でしょうか？」

「この火事はどこまで燃え広がりますか？　どこで鎮火できますか？」

「保険金はいつ支払われますか？」

といった質問は無意味です。消火活動をしている人がそんな質問を聞けば、きっと怒りだすでしょう。そのような質問は、まあ、対岸で火事を眺めている野次馬が議論することですね。

プロ野球のテレビの解説者は、このバッターはヒットが打てる・打てないと解説していますが、しかし、実際に打席に立っているバッターにすれば、

〈打ってやろう〉

と思っているだけで、打てるか・打てないか、そんなことは考えていないでしょう。そんなことは、彼にとっては無意味な問題なんです。

したがって、マールンクヤにとっては、いや、マールンクヤだけではなしにわれわれ全員にとってですが、死後の世界の有無は無意味な疑問です。それはちょうど毒矢で射られた者にとって、犯人の詮索が二の次であるのと同じです。

いま、大事なことは、毒矢を抜いて治療することです。われわれにとっては、まず人生の「苦」を解決することが重要で、死後の世界の有無はどうだっていい問題です。釈迦は

そのことを教えられたのです。

いま、マールンクヤが学ばねばならないことは、

――「四諦《したい》」の教理体系――

です。もちろん、マールンクヤばかりではありません。出家者であるお釈迦さまの弟子たちは誰でも、しっかりと「四諦」の教説を学ぶべきであって、死後の世界があるか・ないか、そんな無意味な問題にかかずらうべきではありません。

お釈迦さまは、きっと問題の「緊急度」「優先順位」といったものを考えられたのだと思います。そして、マールンクヤの発した問いの緊急度が低い、優先順位が劣ると判定されて、だからそなたはそうした問題を「考えるな！」と命じられたのです。わたしはそのように考えます。

ただし、注意しておいていただきたいのは、これは、マールンクヤが出家した弟子であったからです。あとで詳しく述べますが、釈迦は、出家者と在家信者とではまったく違った考えを説いておられます。わたしがここに述べたことは、あくまでも出家者に対する教えであったと思っておいてください。

「四諦」の教説

釈迦はマールンクヤに対して――ということは出家者に対してですが――死後の世界の有無は優先順位の低い問題であり、四諦の教説を学ぶことがまず最優先されるべきであると教えられました。では、四諦の教えを学んだあとで、その次の段階で死後の世界の有無の問題を考えるのでしょうか……？

そうではありません。わたしは、そうではないと思います。

じつは、死後の世界の有無は、出家者にとっては永遠に問われることのない問題なのです。

なぜかといえば、出家者が最優先に学ぶべきは四諦の教説であり、そして出家者がその四諦の表現を完全にマスターすれば、そのとき、死後の世界の有無は、もうどうでもよくなっているからです。

四諦の教えを完全に修得するということは、まさに悟りを開いたことです。そして、悟りを開けば、その人にとっては死後の世界の有無なんてどうでもよくなっているのです。そんな問題は無意味になります。だから、出家者にとっては、死後の世界の有無は永遠に問われることがありません。それを問う前に、出家者は四諦を学ばねばならないし、四諦の教理を完全にマスターすれば、それは無意味になるからです。

ところで、「四諦」とは何でしょうか……？

じつは、四諦は小乗仏教の教えであり、小乗仏教といえば出家至上主義の仏教であって、わたしたち日本の大乗仏教とは根本的に異なる仏教ですから、わたしたちは四諦の教理なんか知らなくていいのです。わたしはそう思いますね。

だって、前にも言いましたが、出家者というのはホームレスです。ホームレスになることによって問題を解決しようとするのが小乗仏教です。まあ、ホームレスになりたい人、そしてホームレスになれる人は、小乗仏教を信奉してもよいでしょうが、わたしたち在家の人間、社会生活をまともに営んでいる人間にとっては、ホームレスの生き方を教わっても役に立ちません。われわれは、小乗仏教を学ぶ必要はないと思います。

この点に関しては、大乗仏教の有名な経典である『般若心経《はんにゃしんぎょう》』が、ずばりと断言しています。

《……無《む》苦《く》集《しゅう》滅《めつ》道《どう》。……》

この「苦集滅道」というのが四諦です。『般若心経』は、それが「無」だと言っているのです。つまり、四諦なんてないぞ——というのが、『般若心経』の断言です。

しかし、それはそうですが、大乗仏教は小乗仏教の基盤の上に成立した仏教です。それに四諦は、出家者（ホームレス）相手とはいえ、いちおうお釈迦さまがお説きになった教説です。それ故、ここは釈尊に敬意を表して、われわれもほんの少しだけ四諦の教理を学んでおきましょう。

「四諦」とは、簡単にいえば「四つの真理」です。それは、「苦・集・滅・道」で構成されています。

1　苦諦《くたい》（苦に関する真理）……われわれの生存は「苦」である、といった真理です。

2　集諦《じったい》（苦の原因に関する真理）……〝集〟とは「原因」です。われわれの生存は苦でありますが、それには必ず原因があります。その原因は、激しい欲望、執着となった欲望です。

3　滅諦（苦の原因の滅に関する真理）……だとすれば、その執着となった欲望を滅することによって、われわれは結果としての苦を滅することができます。いちおうそのように言うことができますが、じつはこの〝滅〟と訳されている言葉はサンスクリット語の〝ニローダ〟であって、これは「塞《せ》き止める」「制止する」といった意味です。したがって、欲望を完全に滅するのではなく、適当にコントロールすることだと思ってください。その意味では、何が適当か、どの程度がよいのか、その理想の状態を決めることが「滅諦」です。たとえば、肥満がよくないからといって、拒食症になってはいけません。どの程度の体重が理想なのかを知っている必要があります。

4 道諦（苦の原因の滅の方法に関する真理）……最後にその方法です。ここでは「八正道」と呼ばれる、八つの正しい修行方法が説かれています。その八つは、

――①正見《しょうけん》（正しいものの見方）、②正思《しょうし》（正しい思惟《しい》）、③正語《しょうご》（正しい言葉）、④正業《しょうごう》（正しい行為）、⑤正命《しょうみょう》（正しい日常生活）、⑥正精進《しょうしょうじん》（正しい努力）、⑦正念《しょうねん》（正しい注意力）、⑧正定《しょうじょう》（正しい精神統一）――

です。もっとも、この八正道を実践できるのは、出家者（ホームレス）だけです。在家の信者には、厳密な意味ではこの八正道は実践できません。それが故に、四諦の教理は、出

家至上主義をとる小乗仏教の教えなのです。

釈迦は不可知論者ではなかった

釈迦はマールンクヤの「死後の世界はあるのか、ないのか?」といった質問に、捨置記でもって答えられました。それは、マールンクヤが四諦の教えを理解すれば、おのずから無意味になってしまう質問であったからです。わたしはそう考えていますが、仏教学者のうちには、釈迦が不可知論者であったが故に、死後の世界の有無といったような形而上学的な質問には関心を示さず、捨置記でもって答えられた、と見ている人もいます。

だが、釈迦が不可知論者であったとは思えません。

そもそも不可知論者とは、人間の認識能力に限界のあることを主張する思想家です。

釈迦の当時のインドの思想界には、この不可知論を積極的に主張する思想家がいました。

その代表がサンジャヤです。

このサンジャヤは、釈迦の両腕とも呼ばれる二大弟子の舎利弗《しゃりほつ》（シャーリプトラ）と目連《もくれん》（マウドガルヤーヤナ）が最初に師事していた思想家です。舎利弗と目連は師のサンジャヤが提唱する不可知論にあきたらず、釈迦の教えのうちに不可知論を超えた何かを認めて、サンジャヤの教団を去って仏教教団に投じました。それだけを見ても、釈迦の教えがたんなる不可知論でなかったことは明白です。

ところで、サンジャヤの不可知論は、次のような論法で展開されています。

《もしもあなたが「あの世はあるか」と問うた場合、わたしが「あの世はある」と考えたならば、わたしは「あの世はある」とあなたに確答するであろう。しかし、わたしはそうしない。わたしはその通りだとも考えないし、それとは異なるとも考えないし、そうではないとも考えないし、そうでないのではないとも考えない。

また、もしもあなたが「あの世はないのか」と問うた場合、わたしが「あの世はない」と考えたならば、わたしは「あの世はない」とあなたに答えるであろう。しかし、わたしはそうしない。わたしはその通りだとも考えないし、それとは異なるとも考えないし、そうではないとも考えないし、そうではないのではないとも考えない。

また、もしもあなたが「あの世はあり、かつないのか」と問うた場合、わたしが「あの世はあり、かつない」と考えたならば、わたしは「あの世はあり、かつない」とあなたに答えるであろう。しかし、わたしはそうしない。わたしはその通りだとも考えないし、それとは異なるとも考えないし、そうではないとも考えないし、そうではないのではないとも考えない。

また、もしもあなたが「あの世はあるのでもなく、かつないのでもないのか」と問うた場合、わたしが「あの世はあるのでもなく、かつないのでもない」と考えたならば、わたしは「あの世はあるのでもなく、かつないのでもない」とあなたに答えるであろう。しかし、わたしはそうしない。わたしはその通りだとも考えないし、それとは異なるとも考えないし、そうではないとも考えないし、そうではないのではないとも考えない》

書き写していて、なんだか馬鹿々々しくなりました。

サンジャヤのこのような論法は、古来、

——鰻《うなぎ》のようにぬらぬらしていて捕らえ難い議論——

と呼ばれています。彼がなぜ、こんな回りくどい表現をしたのかといえば、不可知論というものは、「人間は知ることができない」と主張するものです。けれども、もしサンジャヤがストレートにそう主張したとすれば、必ず反論として、

「それじゃあ、おまえの言う〝人間は知ることができない〟という命題は、いったいどのようにして知ることができたのか?!」

とやられるでしょう。そこでサンジャヤは、相手から揚げ足を取られまいとして、このような持って回った論法によって自説を主張したのです。

不可知論というものは、このようなものですが、ともあれ釈迦は、サンジャヤのような不可知論者でなかったことはまちがいありません。

いや、それどころか、釈迦は哲学者ですらなかったと思います。

彼は、いっさい哲学的・形而上学的な問題に関心を持っていません。

その意味では、釈迦は宗教家であったのです。

釈迦は宗教家の立場に立って、マールンクヤに、死後の世界があるか・ないかといったような形而上学的な問題を、

「考えるな!」

と教えられました。それが捨置記の意味だと思います。

宗教と哲学の差

少し脱線をしてみます。

釈迦は、死後の世界の有無を「考えるな！」と教えられましたが、わたしは、あんがいこれが宗教の基本的態度ではないかと思っています。

わたしたちは常識的に、宗教というものは、死後の世界が「ある」と教えるものだと思っています。

それが証拠に、仏教では「地獄」と「極楽」を言います。キリスト教にも「天国」と「地獄」があります。イスラム教にだって、「死後の楽園」と「地獄」が設定されています。宗教というものは、善人は死後に天国に往き、悪人は地獄に堕《お》ちる――と教えている。それがわたしたちの常識ですね。

でもね、ちょっと違うのです。

たしかに、宗教がそう教えていることは事実です。

けれども、それは、あくまでも方便としての教え、あるいは通俗的な教義なんです。こんなふうに考えてみてください。「5から8を引けばいくらか？」といった問題に、中学生であれば「マイナス3」と答えるでしょう。けれども、小学一年生には、そんな答えはわかりません。小学一年生であれば、「引けない」が正解になります。

それと同じです。死後の世界について、「考えるな！」と教えることのできない初歩の段階にいる人間に対しては、ひとまず極楽（天国）や地獄といった説き方をするのです。

だが、それはあくまでも方便であって、初歩の段階の人を教える教えです。

そうではなくて、宗教が本質的に死後の世界をどう考えているかといえば、わたしは、釈迦が教えられたように、

「考えるな！」

ということになると思うのです。仏教ばかりでなく、キリスト教やイスラム教においても、死後の世界を考えないというのが、基本的な態度だと思われます。

ここで、脱線のついでのさらなる脱線になりますが、ちょっと、

——宗教と哲学の差——

について話しておきます。

古代ギリシアの哲学者のソクラテス（前四七〇—前三九九）は哲学の元祖です。そのソクラテスは、ご存じのように、デルフォイの神殿の入口に掲げられていた碑文の、

——グノーティ・サウトン——

をもって自己の哲学のモットーとしました。その際、ソクラテスは、この「グノーティ・サウトン」といった箴言を、文字通りに、

「汝自身を知れ！」

と解しました。そして、「自己の探究」を、彼は哲学の至上課題にしました。

だが、この「グノーティ・サウトン」といった言葉は、本来、ソクラテスが読んだような意味ではありません。もっと通俗的な意味で、

「身のほどをわきまえろ！」

といったところです。

つまり、デルフォイの神殿の入口に置かれていた碑文は、

「ここから先は神の領域であるぞ。おまえたち神ならぬ人間どもは、この神殿の門をくぐったならば、神の領域に入ったことをよくわきまえて、身のほどをわきまえた行動をせよ！」

と呼びかけているのです。「身を慎むように」「へりくだって謙虚になれ！」と、神は命じているのです。

それをソクラテスは、ギリシア語の文字通りの意味に解して、「汝自身を知れ！」と読みました。誤読というか、勝手読みですね。

ここのところに、わたしは、宗教と哲学の差がよくあらわれていると思います。

宗教というものは、

――神（絶対者）の領域と人間の領域――

をきっちりと峻別します。ここから先は人間が踏み込めない、あるいは踏み込んではいけない神聖な領域であると境界線を引くのが宗教です。

ところが、哲学は、そのような神聖なる領域を認めません。すべてが人間の理性・能力の及ぶ領域だ、とするのが哲学の基本的態度です。ソクラテスは哲学者として、そのような態度をとりました。だから彼は、「身のほどをわきまえ」ずに、「汝自身を知れ！」と、どこまでも知の探究をつづけたのです。

イエスと釈迦の未来に対する態度

もう一度、話を元に戻します。

問題は不可知論です。

不可知論には、明らかに、神（絶対者）の領域がありません。

つまり、不可知論というものは、いったん全宇宙を人間の理性・能力の支配下に置きます。そして、そのあとで、人間の理性・能力の敗北を認めるのが不可知論です。人間の理性・能力の万能を前提にしておいて、でもよく考えてみたら人間の理性・能力は万能じゃなかった。われわれは何一つ知ることができない——と、悄気《しょげ》返っているのが不可知論です。

これは明らかに哲学のやり方です。

したがって、これは宗教のやり方ではありません。

宗教においては、人間の理性・能力ははじめから制限を受けています。

人間の理性・能力が及ばない神聖なる領域を最初に設定しておくのが宗教です。

ですから、宗教の分野では、そもそも不可知論は成立しません。

こう見てきますと、釈迦が不可知論者でなかった、すなわち哲学者でなかったことが明らかになります。

彼は宗教者でした。宗教者として、人間の理性・能力の及ばない領域のあることを最初から認めていたのです。ですから釈迦は弟子たちに、そのような領域の問題については、「考えるな！」と教えていたのです。

この釈迦の態度は、イエス・キリストにも通じます。

イエスもまた、死後の世界については「考えるな！」と教えています。

いや、そうではない。イエスは、天国と地獄といった来世を説いている——といった反論もあるでしょうが、それらはイエスは方便として説いているのです。

本質的には、イエスは、人間理性の及ぶ領域と、人間理性の及ばぬ神の領域とを峻別していました。そして、未来のことはすべて神の領域であり、人間にはわからぬことだとしています。

《だから、明日のことまで思い悩むな。明日のことは明日自《みずか》らが思い悩む。その日の苦労は、その日だけで十分である》(『新約聖書』「マタイによる福音書」六章)

イエスはこう言っています。つまり、明日(未来)のことは神の領域であって、人間にはわからないのです。人間にわからないということは、神のみが知っておられることです。そのことは、英語の“God knows”といった言葉が、「わからない」と訳されるのを見てもわかります。人間の理性が神の領域に踏み込むことは、イエスにおいては越権行為であります。許されざる傲慢さを意味するものです。わたしたち人間は、神の領域である未来についは考えてはならないのです。

そして、死後の世界は、明らかに未来の問題です。わたしたちは死後(未来・明日)を考えてはいけないのです。それがイエスの基本的態度でした。

ところが、おもしろいことに、《明日のことまで思い悩むな》というイエスと同じ言葉を、釈迦世尊が言っておられます。

《過去を追うな。
未来を願うな。
過去はすでに捨てられた。
そして未来はまだやって来ない。
だから現実のことがらを、
それがあるところにおいて観察し、
揺《ゆ》らぐことなく動ずることなく、
よく見きわめて実践せよ。
ただ今日なすべきことを熱心になせ。
誰か明日の死のあることを知らん》（『中部経典』一三一「一夜賢者経」）

釈迦もまた、未来と過去が人間の力の及ぶ領域でないことを認めていたのです。

ただし、言うまでもありませんが、釈迦は、未来と過去が神の領域であるとは考えていません。釈迦はイエスと違って、宇宙の創造者だとか絶対者といった存在を認めていません。したがって、未来と過去は、釈迦においては神の領域ではなく、どう言えばよいか、ま

あ、

――無意味の領域――

ということになりそうです。そのような無意味な領域に属する未来の問題――そのうちに「死後の世界の有無」が含まれています――を、釈迦は「考えるな！」と教えたのです。結果的に釈迦とイエスは一致していますが、その論理の立て方は百八十度違っていることに注意してください。

イスラム教の「イン・シャー・アッラー」

ついでに、イスラム教の考え方も見ておきましょう。

イスラム教の聖典『コーラン』の「洞窟の章」（十八章）の二十三節には、次のような言葉があります。（井筒俊彦訳、岩波文庫）。

《何事によらず、「わしは明日これこれのことをする」と言いっ放しにしてはならない》

これでおわかりのように、イスラム教においても、人間が明日（未来）について語ることが禁じられています。これはキリスト教よりも厳しいですね。

では、イスラム教徒はいっさい明日のこと、未来の事柄を語れないのでしょうか……?

そんなことはありません。『コーラン』の次の節(二十四節)には次のようにあります。

《必ず「もしアッラーの御心ならば」と(つけ加える)ように》

要するに、「もしアッラーの御心ならば」といった言葉を付け加えるならば、わたしたちは明日のことを語ってよいのです。それはつまりは、「もしアッラーの御心ならば」と言うことによって、明日(未来)のことが「アッラー(神)の領域」に属していることが、その都度われわれに自覚できるからなんです。

なお、この「もしアッラーの御心ならば」といった言葉が、アラビア語でかの有名な、

――イン・シャー・アッラー――

です。それ故、イスラム教徒は未来のことを語るとき、必ずそこに「イン・シャー・アッラー」(実際には「インシャラー」と発音されます)を付け加えるのです。

たとえば、イスラム教国の飛行機に乗ると、機内放送でキャビンアテンダントは、「インシャラー。この飛行機は何時何分にヨルダンのアンマン空港に到着します」

と言います。「神の御心があれば飛行機は無事到着する」といったアナウンスは、裏返しに聞けば、「神の御心次第では墜落するかもしれません」ということになります。あまり気持ちのいいものではありません。わたしはあのアナウンスを聞くたびに苦笑させられます。日本のＪＡＬかＡＮＡが、

「この飛行機は何時何分に羽田空港に到着します。南無阿弥陀仏」

とやったらどうでしょうか。乗客は黙っていますかね……。

いつかパキスタン航空の国際便を降りるとき、「さようなら」と日本語で挨拶するキャビンアテンダントに、こちらは英語で「シー・ユー・アゲイン」（またお会いしましょう）と応じました。すると彼女は、すかさず、

「インシャラー」

と応じてきました。なるほど、また会えるか否か、神の御心のままです。しかし、

「また会いましょう」――「それは神の御心によるものです。会えるかどうか、わかりませんよ」

と言われたわけですから、あまりいい気持ちはしませんでしたね。

まあ、ともかく、イスラム教においても未来の問題は、基本的には「考えるな！」ということになります。

それが宗教の基本的態度だと思います。

「石は沈み、油は浮く」

さて、われわれは、考察を先に進めましょう。

『相応部経典』（四二―六）に「西地人」（あるいは「死歿者」）と題される、おもしろい経典があります。それを紹介します。

釈迦世尊がナーランダー近郊の、とある林の中におられたときです。近くの村の村長がやって来て質問しました。ここで質問者が、村長という在家の人間であったことに注意しておいてください。マールンクヤは出家者でありました。だから、対応する釈迦の態度が違っています。

村長の質問はこうです。

「バラモンたちが言っているが、彼らが儀式を執りおこなうと、死者はたちまち天上界に再生できるそうだ。どうだい、おまえさんにも同じことがやれるかい……？」

村長の態度はいささか傲慢でした。しかし、そのときはまだ釈迦はそれほどの有名人ではなかったのです。ですから、これは仕方のないことでしょう。

お釈迦さまは、村長にこう答えておられます。

「その質問に答える前に、村長よ、わたしからひとつ尋ねたいことがある。湖があって、その湖に大きな石を投げ込んだとしよう。当然、石は沈む。そのあと、バラモンたちが集まって、湖の周りで〝石よ浮かべ、石よ浮かべ〟と祈願する。そうすれば、その石は浮き上がって来るだろうか？」

「いいや、そんなことはありはしない」

「村長よ、それと同じだよ。生前、さんざんに悪を積み重ねた者は、死後、地獄に堕ちる。いくら祈願をやろうが、彼が天上界に生まれることはない」

そこでいったん言葉を休めて、さらに釈尊はこう続けられました。

「それからね。村長。今度は瓶に油を入れて湖に投じる。瓶が割れたとしよう。すると油が浮かび上がってくる。バラモンたちがそこで、〝油よ沈め、油よ沈め〟とご祈禱をする。

すると、油は沈むだろうか……？」

「いいえ、そんなことはありません。油が沈むはずがありません」

「それと同じだよ。生前に善行を積み重ねた者は、死後天上界に生まれ、地獄に堕ちることはない。村長よ、これがそなたの質問に対する解答である」

ここで釈迦世尊は、当時のインドの伝統宗教であったバラモン教の祈禱主義に、痛烈な批判を浴びせておられるのです。バラモン教の祭官であるバラモンたちは、彼らが執行する先祖供養の儀式によって、死者は天界に往くことができると宣伝していたのです。お釈迦さまは、それに対して「ノー」と言われました。

ところで、現在の日本の仏教はどうでしょうか……？　現在の日本の仏教は、明らかに、

——葬式仏教——

になっています。お坊さんの仕事はお葬式と、それに続く一周忌、三回忌、七回忌……等々の法事ばかりと思われています。まるでお坊さんが葬儀と法事をやるから、死者が「成仏」できるかのように思われています。いや、庶民はとっくの昔にそんなことは思ってい

ないのですが、お坊さんがそう宣伝しています。お釈迦さまが現代日本の「葬式仏教」を見られたら、どう言われるでしょうか。

「こんなものは〝仏教〟じゃない！　わたしは一度も、こんなことを教えたことはない！これは、インチキ・バラモン教である！」

と言われるに違いありません。そのことははっきり断言できます。

閑話休題《それは、さておき》。わたしたちにとっての問題は、ここで釈迦世尊が、

――死後の世界としての天上界と地獄――

を言っておられることです。生前に善行を積んだ者は、死後、天上界に生まれ、悪行を積み重ねた者は地獄に堕ちる。釈迦はそう言っておられます。

これは、わたしたちが考察したこと――死後の世界を「考えるな！」という教え――と矛盾しますよね。

この矛盾をどう考えるべきでしょうか……？

簡単です。前にも言いましたが、「5引く8」は「マイナス3」ですが、マイナスという概念を知らない小学生には、「5引く8」は「引けない」と教えるよりほかありません。そ

れと同じで、釈迦は出家した弟子たちには、死後の世界の有無は「考えるな！」と教えられましたが、初対面の村長のような人物には、そのような教えを説くことはできません。相手が持っている知識の体系の中で、その相手に理解できるように説く必要があるわけです。当時のインド人は誰もが輪廻転生《りんねてんしょう》を信じており、死後は天界か地獄に再生すると確信していたのですから、お釈迦さまはその相手の持っている知識の体系・信仰の体系・常識に合わせて教えを説かれたのです。

それ故、死後の世界に対する釈迦の基本的態度が、

——「考えるな！」——

であったことはまちがいありません。その点に関しては、われわれは何も修正を加える必要はないのです。

仏教の一般コースと専門コース

もう一つだけ見ておきましょう。

お釈迦さまが在家の人間にどのような教えを説かれたか、ということです。

ご存じのように、釈迦の初転法輪《しょてんぼうりん》（最初の説法）は鹿野苑《ろくやおん》（ミガダーヤ）においてでした。三十五歳のとき、仏陀伽耶《ぶつだがや》（ブッダガヤー）で悟りを開いて「仏陀」となった釈迦は、仏陀伽耶からベナレス郊外の鹿野苑に移り、そこでかつて苦行をともにした五人の仲間たちに法（教え）を説かれます。それを初転法輪といいます。

ところで、このとき釈迦が法を説いた相手の五人は、いずれも出家修行者です。彼らはすでに出家し、ホームレスになっていた人間です。したがって、一種のプロです。

釈迦が、アマチュアである在家の人間にはじめて教えを説かれたのは、鹿野苑における初転法輪からそれほどの時間の経っていない時期でした。

相手は、ベナレスの長者の子であるヤサ。

長者の子であるヤサは、三時殿に住み、贅沢きわまる生活をしていました。三時殿とは、暑季と雨季と寒季のそれぞれを過ごすにふさわしい三つの邸宅です。ヤサの身辺には、いつも侍女たちがいます。

ある夜中、ヤサはふと目を醒まし、あたりを見回しました。そこには、まことにおぞましい光景があります。

『律蔵』「大品《だいほん》」は、そこのところを次のように描写しています（『南伝大蔵経』第三巻、二七ページ以下）。

《時に族姓の子耶舎（＝ヤサ）は先に覚め己の侍女達の眠れるを見たり、或《ある》ものは琵琶を腋にし、或ものは小鼓を頂におき、或ものは鼓を腋にし、或ものは髪を乱し、或ものは涎を流し、寐語《みご》して、恰も丘塚を現ぜるが如くなりき》

〝丘塚〟とは、丘のように小高く築かれた墓です。前夜の宴のときは美しく着飾っていた美女たちが、まるで墓場にいるようなありさま。そのおぞましさに、ヤサは思わず家を走り出ます。そして、ベナレス郊外の鹿野苑の方角に向かいました。

《あゝ、厄《わざわい》なる哉《かな》、あゝ、禍《わざわい》なる哉》

と、彼は呟きつづけています。

そのとき、お釈迦さまは鹿野苑を経行《きんひん》しておられました。経行とは、坐禅のあとの軽い運動です。そして、ヤサを見て、声を掛けられます。

《耶舎よ、此処には厄無く此処には禍無し。耶舎よ、来って坐せよ、我、汝のために法

を説かん》

と。

そのようにして、お釈迦さまは、在家者を相手としたはじめての説法をされました。

その説法の内容は、

《謂く、施論、戒論、生天論《しようてん》、諸欲の過患《かげん》・邪害・雑染《ぞうぜん》、出離の功徳を説きたまへるなり》

でした。

つまり、釈迦は、

――布施について。

――持戒について。

――生天の思想。

――欲望の悪害について。すなわち「少欲知足」の教え。

――出離（出家）の功徳。

を、順を追って説かれたのです。

その結果、ヤサの心が清浄・柔軟になります。

《族姓の子耶舎に堪任心・柔軟心・離障心・歓喜心・明浄心の生じたるを知りたまひて世尊は諸仏の本真の説法を説きたまへり、〈謂く〉苦・集・滅・道なり》

釈迦は、ヤサの心のトレーニングを終えたあとで、はじめて「諸仏の本真の説法」（もろもろの仏が本当に教えたかった真実の説法）をされたのです。その「諸仏の本真の説法」とは、すなわち「苦・集・滅・道」、要するに「四諦」でありました。

これでおわかりのように、釈迦の教え――それが仏教ですが――には、

初心者（在家者）向けの……一般コース、

専門家（出家者）向けの……専門コース、

があったのです。専門コースにおいては、釈迦は「四諦」を教えられ、そこでは死後の世界については「考えるな！」と命じられています。

だが、初心者（在家者）を対象とした一般コースにおいては、

――生天論――

が説かれています。われわれ凡夫は布施や持戒を実践した功徳によって、死後に生天で

きる、天上界に生まれることができる――と、釈迦は教えられたのです。

このように、釈迦の仏教には二つのコースがありました。

そして、釈迦の思想の本質は、やはり専門コースの中で展開されています。一般コースは、どちらかといえば方便の教えです。

したがって、死後の世界に関する釈迦の基本態度は、「考えるな！」であったことはまちがいありません。われわれはそのことをしっかりと確認しておきましょう。

第二章　浄土の誕生

キリスト教の天国は死後の世界ではない

浄土とは何でしょうか？

じつは、浄土は、天界・天上界ではありません。

前章でわたしは、お釈迦さまは在家の人間に向かって死後の世界を語られるとき、善行を積んだ者は天界・天上界に生まれ、悪行のかぎりを尽くした悪人は地獄に堕ちる——と教えられたことを話しました。その際、注意しなかったのですが、この天界ないし天上界は、いまわれわれ日本人が言っている、

——浄土・お浄土・極楽世界——

ではありません。天界と浄土は、まったく異質の世界です。

それから、天界と天国も違っています。

よく新聞の報道などで、

「天国に行ったお父さん」「天国に眠るわが子」

といった表現が使われています。

日本の仏教学者や僧侶の方々は、この〝天国〟といった言葉はキリスト教のものだ。日本人はたいていが仏教徒であり、キリスト教徒は一パーセント以下なのだから、死者がキリスト教の天国に行くケースは非常に少ない。それなのに、死者がみんなキリスト教の天国に行ったかのように書いている新聞記者の感覚が疑われる——。そんなふうに、新聞記事に文句を言っています。

たしかに、おかしいですよね。仏教徒が死んでキリスト教の天国に行けば、キリスト教の神さまが、「よくいらっしゃいました」と快く迎えてくださるでしょうか……。

いや、じつはそのことより、ここにもっと重要な問題があります。

それは、そもそもキリスト教において、人は死んだら天国に行くのか否か、なんです。この点においては、どうやら日本のキリスト教徒の大部分が、天国というものを誤解しているようです。

キリスト教において〝天国〟といった言葉が使われているのは、『新約聖書』のうちでも「マタイによる福音書」だけなんです。福音書にはほかに「マルコによる福音書」「ルカによる福音書」「ヨハネによる福音書」がありますが、他の三つの福音書には〝天国〟といっ

た言葉は出てきません。そのかわり、

――〝神の国〟――

という言葉が出てくるのです。したがって、キリスト教の用語としては、〝天国〟よりも〝神の国〟と言ったほうがよさそうです。

しかも、ですね、この「神の国」は、普通に連想されるような「神の領域」「神の土地」ではありません。「国」と言っても、この場合、「土地」とか「場所」とかではないのです。

それは、むしろ、

――神の支配――

というべきものです。

いま現在は、神の支配は、わたしたちの目に見えないかたちでおこなわれています。いま現在に、決して神の支配がないわけではありません。神はちゃんとこの世を支配しておられますが、それはわれわれ人間の目には見えないのです。それ故、この世で悪人がのさばり、善人が苦しむかのように見えます。けれども、歴史の終わりにおこなわれる神の最後の審判ののちには、神の支配は必ず誰の目にも見えるかたちでやって来るのです。

それが、イエスの伝えたメッセージです。

そのような意味で、イエスは、「神の国は近づいた」と言ったのです。

《イエスは、ヨハネが捕らえられたと聞き、ガリラヤに退かれた。そして、ナザレを離れ、ゼブルンとナフタリの地方にある湖畔の町カファルナウムに来て住まわれた。……そのときから、イエスは、「悔い改めよ。天の国は近づいた」と言って、宣《の》べ伝え始められた》（「マタイによる福音書」四章）

《ヨハネが捕らえられた後、イエスはガリラヤへ行き、神の福音を宣《の》べ伝えて、「時は満ち、神の国は近づいた。悔い改めて福音を信じなさい」と言われた》（「マルコによる福音書」一章）

これでおわかりのように、キリスト教の天国（天の国・神の国）は決して土地・場所ではありません。死者がそこに行って住む、死後の世界ではないのです。そうではなくて、わたしたちの心の眼が開けたとき、そこに見えてくる「状態」というべきものです。

キリスト教のこの考え方は、じつをいえば仏教の「浄土」と非常に近いのです。

と言っても、仏教の浄土が世間一般では誤解されていますから、キリスト教の神の国と仏教の浄土がどう似ているのか、読者にはわからないでしょう。けれども、それじゃあ、いまここで、仏教の浄土がいかにキリスト教の神の国に近いかを解読すれば、話がかえって混乱します。したがって、この点の説明はあとに回しましょう。

ともあれ読者は、キリスト教の天国は死後の世界ではないことを記憶しておいてください。キリスト教においては、死者は天国に行くのではありません。死者は眠りの状態にあって、最後の審判を待っています。

ここのところを、日本人はまったくわかっていません。日本のクリスチャンでさえ（もちろん、全部が全部ではありませんが）、この点を誤解しているのですから、本当に困ったものです。

輪廻は無限の再生の繰り返し

まあ、キリスト教の話は、それぐらいにしておきましょう。本書はキリスト教の解読書ではありませんからね。

次に、天界ないしは天上界です。

お釈迦さまは、在家の信者には、善行を積んだ者は死後、天上界に生まれる——と説かれました。その天上界とは、どういった所でしょうか……?

天界・天上界というのは、インド人が信じる、

——輪廻《りんね》の世界——

の一つです。輪廻の世界にはいろいろありますが、そのうちの最も快楽が多い世界とされています。したがって、輪廻の世界の特等席といえばよいでしょう。

ところで、わたしたちはいま〝輪廻の世界〟と書きました。じつは、インドの言葉でいえば、これはおかしな表現になっているのです。

というのは、〝輪廻〟は古代インドのサンスクリット語では〝サンサーラ〟です。それが、現代インドのヒンディー語では最後の母音の〝ア(a)〟が落ちて〝サンサール〟になります。そしてこの〝サンサール〟は、「輪廻」を意味すると同時に、「世界」を意味する単語です。ですから、現代インド人にとっては、「輪廻」と「世界」は同義語ですから、〝輪廻の世界〟といえば〝女の婦人〟と同じような二重表現になってしまうのです。

ともあれ、インド人は、「輪廻」イコール「世界」、「世界」イコール「輪廻」と考えているのですね。そこまで輪廻転生を信じているわけです。

その意味では、インド人にとっては、死後の世界はあるのです。逆に、絶対的な消滅であるような「死」は存在しません。人間は死ねば必ず何かに生まれ変わります。死後の世界がないわけはないのです。

その死後の世界、われわれが輪廻転生する世界は六つあります。

1　天界・天上界……輪廻の世界の特等席で、最も快楽が大きく、苦痛の少ない世界。

2　人間世界。

3　阿修羅の世界（修羅の世界）……阿修羅（修羅ともいう）は怒れる魔類です。

4　畜生界。

5　餓鬼の世界……餓鬼とは飢えに苦しむ存在です。

6　地獄界……最も苦しみの多い世界。

じつは、釈迦の時代は、輪廻の世界は阿修羅の世界を除いた五つでした。のちに大乗仏教の時代になって、輪廻の世界は阿修羅界を加えて六種になりました。日本の仏教は大乗

仏教ですから、

――六道輪廻《ろくどうりんね》――

といった言葉があるように、われわれは、六つの世界を輪廻すると考えられています。古代インド人は、この輪廻転生を骨の髄まで信じていました。いや、現代インド人だって、大多数の庶民は輪廻転生を信じているでしょう。われわれが「地球は丸い」と信じているように、古代インド人は「人間は輪廻する存在だ」と信じていたのです。

だが、以上の説明だけでは、輪廻の世界を正しく解説したことになりません。輪廻というものは、わたしたちは死んだあと六つの世界のいずれかに再生しますが、再生するだけではありません。その再生した世界で、わたしたちはもう一度、死ぬのです。その「再死」ということが、輪廻の本質です。

そして、再び死んだ者は、再び六つの世界のいずれかに再生します。

たとえば、あなたはいま人間として、人間界に生きています。そして、この人間界で死んだあと、かりにあなたは善行を積んでいたので、天界に生まれたとします。ところで、その天界は永遠の世界ではありません。一定の年数が経てば、さらにその天界であなたは死にます。そしてまた、どこかに生まれます。

要するに、無限の繰り返しです。

その無限の繰り返しが輪廻の世界の本質です。

したがって、あなたがこの世で善行を積んだことによって、死後、天界に生まれても、それが究極の幸福を約束してくれません。あなたは天界において、次の生の心配をせねばなりません。

そこのところに、輪廻の本質と恐ろしさがあります。

出家者は涅槃を目指す

じつは、お釈迦さまが解決されようとした問題はここにあるのです。

当時のインド人は、みんな輪廻転生を信じていました。

輪廻転生を信じているということは、ともかくも来世は天界に生まれたいと願うことです。来世だけしか願えません。来世の次の世――再来世《さらいせ》というのでしょうか、来々世《らいらいせ》というのでしょうか――ということになれば、それは現世において予約できないのです。予約できるのは来世だけ。

したがって、その予約できる来世を、なんとか天界の特等席に予約しようというのが、インド人誰しもの願望でありました。

だが、来世を予約してみたところで、それは絶対的な幸福を約束してくれません。来世の次はどうなるのか？　その心配が残るからです。

そこで、釈迦世尊が目指されたものは、

――涅槃《ねはん》の境地――

です。涅槃の境地とは、いわば「絶対無」の世界です。〝涅槃〟の原語はサンスクリット語の〝ニルヴァーナ〟です。それは、「〈煩悩の〉火の吹き消された状態」を意味します。

あるいは、釈迦世尊が求められたものは、

――解脱《げだつ》――

だといってもよいでしょう。〝解脱〟とはサンスクリット語で〝モークシャ〟といい、「〈束縛から〉解き放たれた状態」を意味します。わたしたちは煩悩に束縛されて、この輪廻の世界で再生・再死を繰り返し、苦しんでいます。その煩悩の束縛から解放されて自由な心境を得るのが「解脱」です。それ故、「解脱」と「涅槃」は同じ意味だと思ってください。

ともあれ、釈迦は、自由な心境である解脱・涅槃の境地を求められ、それを目指されたのです。そして、みずからは涅槃の境地に到達され、弟子たちにもその涅槃の境地に入ることを教えられました。

この点において、釈迦の教えはバラモン教とはまったく違っています。

バラモン教は、輪廻の世界の特等席である天界を目指す教えです。

ところが、釈迦の教えである仏教は、輪廻の世界の外に飛び出ること、すなわち解脱・涅槃を目指します。

それはいいのです。

だが、そこで問題が残ります。

釈迦は出家した弟子たちには、死後の世界について「考えるな！」と教えられました。なぜ「考えるな！」であるかといえば、彼らは涅槃を目指すべきだからです。輪廻の世界を脱出して、自由の境地を目指さねばなりません。けれども、「考える」ことによっては執着が生じます。そして、執着が生ずれば、輪廻することになります。それ故、彼らは考えてはいけないのです。

ところが、釈迦は一方では在家者に対しては生天の思想を説いておられます。つまり、輪廻の世界における特等席を目指せ——と、在家の信者には教えられたのです。

なぜでしょうか……？

わたしはこう思います。当時のインド人は天界を信じていたのだから、いや、信じていたというより、われわれが「地球が丸い」と疑っていないのと同じで、天界や地獄の世界があるということを事実として受け容れていたのです。だから、お釈迦さまがわざわざ天界はあるんだよ——と教えられたのではありません。インド人として生まれたときから、輪廻転生を「あたりまえ」と思っているのです。だとすれば、彼らがそのまま、善人は死んだら天界に生まれる、悪人は地獄に堕ちると思っていれば、結果的には死後の世界の有無を考えないですんでいるのです。

つまり、在家信者にしても、お釈迦さまの、

——「考えるな！」——

を実践していることになります。

もちろん、在家信者のうちにも、マールンクヤと同じく、本当に死後の世界はあるのだろうか……と、疑問を持った者もいたでしょう。そういう信者がお釈迦さまに問いかけると、きっとお釈迦さまはマールンクヤに教えられたと同様に、

「そういう問題は考えてはいけない」

と教えられたはずです。

だが、何もそういった疑問を起こさない在家信者には、死後の世界の有無を考えてはいけないと、わざわざ教える必要はありません。考えてはいない者に「考えるな！」と教えることは、まさに寝た子を起こしておいて「寝なさい」と命令するのと同じです。お釈迦さまが、そんな愚かなことをされるはずがありません。

ところが、です。

小乗仏教から大乗仏教へ

お釈迦さま亡きあとの仏教教団は、どうもおかしくなったのです。釈迦入滅後、仏教教団は出家者を中心に運営されました。そのような仏教を、

――小乗仏教――

と呼びます。もっとも、この〝小乗仏教〟といった呼称は貶称《へんしょう》です。おまえたちの仏教は「ちっぽけな教え」だと、のちに興起した大乗仏教側から投げ掛けた呼び名であって、彼ら自身は自分たちの仏教が「小乗」だなんて認識しているわけではありません。彼らは、自分たちの仏教を「上座部《じょうざぶ》仏教」と呼んでいます。まあ、「長老派仏教」といったところです。したがって、「小乗仏教」といった呼び名は、相手を罵倒していることになりますから、学問的にはあまり使わないほうがよさそうです。

けれども、本書は学術論文ではありません。わたしは、本書によって、大乗仏教の思想を語っていくつもりです。

そして、大乗仏教は小乗仏教を否定して成立した仏教です。小乗仏教はだめだ。小乗仏教は、お釈迦さまの教えを正しく伝えていない。そういった主張が、大乗仏教の基底にあるのです。その意味では、小乗仏教に遠慮して、それを「上座部仏教」などと呼んでいた

りすれば、大乗仏教のレーゾン・デートル（存在理由）がなくなってしまいます。わたしは、小乗仏教をはっきりと「小乗仏教」と呼ぶべきだと思っています。

さて、小乗仏教は、お釈迦さまの考えを歪めてしまった仏教です。どう歪めたか……？　彼らは、仏教は出家者のためだけにある――としました。彼らは、在家信者を見捨ててしまったのです。

釈迦の教えは、出家者が輪廻の世界からの解脱を達成するために説かれたものである。在家信者は解脱を達成できないから、現世においてはひたすら出家者に布施すればよろしい。そうすると、その布施の功徳によって、彼らは来世は天界か人間世界に生まれることができる。天界に再生できれば、その天界における快楽を享受すればよいし、再び人間界に生まれることができた場合は、そこで出家をすればいい。したがって、在家信者は、現世においては出家者に布施をすればいいのだ――。そのような、出家者に都合のいい「教理」を展開したのが小乗仏教です。まるで、現在の日本に多い、インチキ宗教そのものではありませんか。

これじゃあ、在家信者は浮かばれませんよね。

そこで、在家信者を中心とした、新しい仏教運動が起きてきました。お釈迦さまの入滅から四、五百年してのことです。すなわち、紀元前後のことです。

そこに興起した新しい仏教が、

——大乗仏教——

です。そして、大乗仏教は、従来あった、既存の仏教を「小乗仏教」として確立したのです。

したがって、小乗仏教と大乗仏教は、まるで違った仏教です。

その違いは、ユダヤ教とキリスト教ほどの違いです。もちろん、小乗仏教がユダヤ教で、大乗仏教がキリスト教です。

それ故に、大乗仏教と小乗仏教を同じ「仏教」だと言うのは、キリスト教とユダヤ教を同じ「神教」だと言うに等しいのです。

まあ、ともあれ、小乗仏教を否定して、大乗仏教運動が起こり、その運動の結果、大乗仏教という新しい仏教が成立しました。

そして、その大乗仏教のうちに、

――浄土の思想――

が出て来たのです。

極楽浄土の起源

〝浄土〟といった言葉は、漢訳の『無量寿経』に出てくる、

――「清浄国土」――

を二字に約したものだとされています。これはまた〝浄刹《じょうせつ》〟ともいいます。〝刹〟はサンスクリット語の〝クシェートラ〟の音訳語で、「国土」の意味です。

「浄土」とは、要するに「仏の世界」です。「仏界」「仏国土」「ほとけの世界」といえばよいでしょう。

では、なぜ大乗仏教は「浄土」といったものを考えたのでしょうか……？

浄土といえば、その代表は極楽世界です。これは阿弥陀仏のおられる仏国土です。

ただし、浄土イコール極楽世界ではありません。さまざまな浄土があり、その一つが阿

弥陀仏のおられる極楽世界です。

この極楽世界の起源に関して、学者はあれこれ議論しています。

極楽浄土の起源には、大きく分けると、

——外来説と国内説——

があります。外来説は、極楽浄土といった考えは、インドの国外で出来上がったものだという学説です。国内説は反対に、極楽浄土はインドの国内でつくられたというものです。

外来説の一つ、ゾロアスター教というものは、古代ペルシアにおいて予言者＝ゾロアスター（前七世紀後半—前六世紀前半）が創唱した国民的改革宗教です。聖火を護持するところから「拝火教」とも呼ばれ、最高創造神としてのアフラ・マズダを主神としていますから「マズダ教」ともいいます。

この主神であるアフラ・マズダは「光の神」です。そして、ご存じの方も多いでしょうが、阿弥陀仏のサンスクリット語の名前は二つあって、
一つは……〝アミターユス〟で「無量寿仏」、
もう一つは……〝アミターバ〟で「無量光仏」、

です。つまり、阿弥陀仏には「光の仏」の性質があり、これは「光の神」であるアフラ・マズダに共通するものです。それ故、阿弥陀仏の極楽浄土の起源はゾロアスター教、というのです。でも、わたしは、こんな学説は信用しませんね。

もう一つの外来説は、ミトラ教です。

ミトラ教は、前三世紀のころ、イラン地方に興った古代宗教で、ミトラ神を創造神・救済神として崇拝するものです。このミトラ神は太陽・光明・豊饒の神であるから、これが阿弥陀仏、すなわち無量光仏の起源だというのです。

しかし、やはりわたしは信用しませんね。どこか似ているところがあればいい……というものではありませんよね。

一方、国内説というのは、たとえばバラモン教のインド神話に起源を求めて、「アムリタ」を「アミタ」の起源とする説です。

アムリタは「甘露《かんろ》」と記されるものです。これは、バラモン教の神々の飲料です。これを飲むと不死が得られるとされています。

そしてアミタは、「無限」「無量」の意味です。

そこで、

アムリタ（amṛta）→アミタ（amita）

と変化した、というのですが、言語学的にはこういう変化は無理だとされています。

もう一つの国内説は、インド神話のヤマ天に起源を求めるものです。

ヤマは、インド神話で人間第一号とされる存在です。最初の人間ですから、当然、ヤマは最初の死者になります。死者第一号です。

彼は死後、天界に行き、そこに光明と緑陰、歌舞音曲と酒肴に恵まれた理想郷を発見しました。そしてヤマは、その理想郷の王となります。

のちにこのヤマは仏教に採り入れられて閻魔《えんま》王になり、地獄の世界の支配者となりますが、インド神話の段階においてのヤマは、理想郷の天界の支配者でありました。

ところで、このヤマ（Yama）が変化して阿弥陀仏（Amitābha Buddha）になった、あるいはヤマの別名がアミターバだというのが第二の国内説です。

でも、この説も、それほど説得力があるとは思えません。

極楽浄土はクシナガラである

もう一つ、おもしろい説があります。

それは、松本文三郎といった仏教学者が提唱したものですが、極楽浄土の起源を、お釈迦さまが入滅された聖地であるクシナガラに求めています。

『長部経典』（一七）に「大善見王経」があります。この経典に出てくる、

――拘舎婆提城《くしやばだいじよう》（クシャーヴァティー）――

が極楽浄土の起源だというのです。

「大善見王経」は、釈迦世尊がクシナガラの地において入滅されるとき、侍者の阿難（アーナンダ）の質問に世尊が答えられるという形式をとっています。

そのとき、阿難は世尊に、世尊は何もこんな田舎の辺鄙《へんぴ》な土地で入滅されずともよいではありませんか。摩揭陀国《まがだ》（マガダ）の首都の王舎城《おうしやじよう》（ラージャグリハ）や、コーサラ国の首都の舎衛城《しやえじよう》（シュラーヴァスティー）のほうが、世尊の入滅されるにふさわしい土地ではありませんか、と言うのです。たしかに、いまわたしたちがインドに仏蹟巡拝の旅をしても、ク

シナガラは辺鄙な場所です。阿難が言うのもうなずけます。
ところが、その阿難に対して、世尊はこう言っておられます。
《阿難よ、こは隘小《あいしよう》なる市、荒廃せる市、辺鄙なる市なりと言ふ勿れ。昔、阿難よ、大善見王と名《なづ》くるありき。王族にして灌頂王たり、四辺の主にして常勝者たり、国の確保者たりき。阿難よ、此の拘尸那揭羅城（＝クシナガラ城）は此の大善見王の居城にして拘舎婆提城《クサーヴァティ》（＝クシャーヴァティー城）と名けられたり。阿難よ、この拘舎婆提城は東西長さ十二由旬、南北広さ七由旬ありき。阿難よ、この王城拘舎婆提は繁華殷盛にして住民多く、人口稠密《ちゆうみつ》にして、物質豊なりき。……》
このあと、延々と大善見王のクシャーヴァティー城の描写がつづきます。
そして最後に、かつての大善見王はほかならぬ自分、すなわち釈迦世尊その人だ、と明かされるのです。
《我こそは其の時に於ける王大善見なりしなり》
したがって、かつての大善見王の都城があったこのクシナガラの地が、釈迦入滅の地にふさわしいのだ——と言われます。

さて、問題は、クシャーヴァティー城です。

経典は、クシャーヴァティー城を極端に美化して描いています。

――この王城は金・銀・水精・珊瑚……等の七種の城壁によって囲繞《いにょう》されている。

――同じく七種の多羅の並樹で囲まれている。この多羅の並樹が風に揺られて、妙なる音楽を奏す。

――多羅樹の間には蓮池が造られ、その蓮池には金・銀・毘瑠璃・水精の四種の階段が設けられている。

――蓮池には、青蓮・紅蓮・黄蓮・白蓮等の種々の華が、四季常に咲いている。

といった描写です。そして光景は、まさしく大乗経典に描かれている阿弥陀仏の極楽浄土の光景とまったく同じです。

たしかに、両者はよく似ています。

そして、もう一つ、似ているところがあります。

阿弥陀仏の〝極楽世界〟は、サンスクリット語で、

――〝スカーヴァティー（Sukhāvatī）〟――

です。それに対して、大善見王の都城は、

——〝クシャーヴァティー（Kuśāvatī）〟——

です。似ていますよね。

さらに経典は、

《復次《またつぎ》に阿難よ、王大善見は長寿者なりき。常人より遙に長命なりき》

と、大善見王の「長寿」を言っています。これも、阿弥陀仏が「無量寿仏」であることを思い出させますね。

ともあれ、学者は、極楽浄土の起源に関してさまざまな学説を提唱しています。まあ、学者は、そういう仕事で飯を食っているのだから、あれこれの説を出す必要があるわけです。

「法身の仏」と「生身の仏」

では、おまえ自身は、極楽浄土の起源をどう考えるのか……と問われそうです。

それに対して、わたしは、「極楽浄土の起源」と問題を限定して考えるから、答えが出な

いのだ、と思っています。そうではなくて、問題は「浄土一般」です。つまり、わたしたちが考察せねばならないのは、

——そもそも浄土とは何か？——

なんです。浄土といった考え方は、明らかに大乗仏教のものです。小乗仏教には浄土はありません。そのことをしっかりとわきまえて、大乗仏教がなぜ「浄土」といったものをつくり出したのか、「浄土」をつくり出す必要がどこにあったのか、それを考えるべきです。そうすれば、そこから自然に「極楽浄土」というものが導き出されてくるのです。

つまり、極楽浄土は、大乗仏教にたくさんある浄土の一つです。

ところが、日本仏教においては、他の多数の浄土よりも、とりわけ極楽浄土が有名なもので、わたしたちは極楽浄土を特別扱いにし、極楽浄土の起源を考えようとします。それでかえってわからなくなってしまうのです。

極楽浄土を特別扱いにしなければいいのです。

いや、日本仏教においては、やはり極楽浄土扱いにする必要があります。しかし、それはあとでやればいいことであって、最初は特別扱いにせず、浄土一般を考えることにしま

す。そうすれば、問題が解けると思います。

そこで、その「浄土とは何か？」ですが、じつはこの問題を考察する前に、われわれは大乗仏教の、

――仏身論――

を見ておく必要があります。

「仏身論」、これは読んで字のごとく「仏陀の身体」についての議論です。

身体というのは肉体ですね。お釈迦さまという存在は、まちがいなく歴史的人物であって、肉体を持った存在でありました。

ところが、その歴史的人物であったお釈迦さまは亡くなられました。死んだわけです。そうすると、その肉体は消滅します。では、肉体の消滅とともに、仏陀もまた消滅してしまうのでしょうか……？

そうだ。お釈迦さまという人間の肉体が消滅すれば、仏陀もまた消滅してしまう。そういう考え方もあります。しかし、そういう考え方よりも、お釈迦さまという肉体は消滅しても、仏陀が教えた真理は永遠であって、真理としての仏陀は残っている――といった考

え方のほうが説得力がありそうです。

その後者の考え方によりますと、どうやら仏陀の身体に二種類のものがあるようです。

一つは……肉体的身体です。仏教では、これを「生身《しょうしん》」もしくは「色身《しきしん》」といいます。〝色〟というのは「肉体」の意味です。

そして、もう一つは……「法身《ほっしん》」と呼ばれるもので、法（真理の意）そのものを身体にしている仏陀です。

これが「仏身論」です。

そして、このような仏身論、とりわけ法身と生身（色身）の二身説は、すでに小乗仏教にあった考え方です。というより、すでにお釈迦さま自身が、このような二身説を考えておられたのです。

たとえば、ヴァッカリ（跋迦梨）という弟子に向かって釈迦世尊が言われた言葉が、この二身説にもとづいていています。『相応部経典』（二二一—八七）の「跋迦梨」に出てくる話です。

長老ヴァッカリは遊行の途中で病気になり、死ぬ前にもう一度、釈迦世尊を拝したいと思います。そこで世尊のおられる王舎城まで戻って来ました。だが、重態の彼は王舎城郊外で倒れて、陶工の家に保護されます。

その家で、彼があまりにも、

「お釈迦さまにお目にかかりたい。もう一度、お釈迦さまを拝みたい」

と言うもので、陶工は使者をお釈迦さまの所に送り、ヴァッカリのことを報《しら》せました。

すると、釈迦世尊みずからが陶工の家に来られます。

ヴァッカリは、部屋に入って来られた世尊に言います。

《「大徳よ、已《すで》に久しくより詣りて世尊を見たてまつらんと欲したるも、詣りて世尊を見たてまつらん力我身《わがみ》に缺《か》けたり」》

ヴァッカリのその言葉に対して、世尊はこう言われました。

《「止《や》みなん、跋迦梨よ、此爛壊《このらんえ》の身を見て何かせん。跋迦梨よ、法を見る者は我《われ》を見る。我を見る者は法を見る。跋迦梨よ、法を見て我を見、我を見て法を見る」》

「爛壊の身」とは、ただれ、こわれゆく肉体です。そんな肉体が「わたし」の本質ではないんだよ。「わたし」の本質は、わたしが教えた「法」(真理)にある。その「法」を見る者が「わたし」を見るんだ。それが釈尊の言葉です。釈尊その人が、仏身をそのように見ておられたのです。

だから、わたしたちは釈迦入滅後は、釈迦が教えられた「法」を釈迦その人だと思って拝せばよいのです。

大乗仏教の仏陀観

そして大乗仏教になると、この仏身論が急速な発展を遂げます。

大乗仏教はお釈迦さまの入滅後に形成された仏教です。ですから、そこには、肉体を持った仏陀がはじめからいませんでした。

ということは、大乗仏教にとっての仏陀は、本質的に法身仏です。

この法身仏は真理そのものですから、永遠に存在をつづけます。大乗仏教は、そうした法身仏を基盤に置いているのです。

じつは、わたしは、この法身仏を、

——宇宙仏——

と名づけています。宇宙仏とは、宇宙のほとけです。宇宙そのものがほとけです。

したがって、この宇宙仏は、ユダヤ教・キリスト教・イスラム教の神に相当するものです。ユダヤ教では神をヤーウェ、キリスト教ではゴッド、イスラム教ではアッラーと呼びますが、いずれも宇宙の神であり、宇宙を創造した神です。

そして、キリスト教においては、この宇宙の神であるゴッドのメッセージ（福音《ふくいん》といいます。喜びの言葉です）を、神の子であるイエス・キリストが受肉して（肉体を持って）この世に来臨された——と考えています。キリスト教は、イエスを神の子と信じる宗教です。イエスが神の子でなく人間だとすれば、キリスト教は成立しません。

大乗仏教は、このキリスト教と基本的には同じ構造の宗教です。

すなわち、大乗仏教においては、お釈迦さまは宇宙仏のメッセージ（真理の教え）をわれわれに宣《の》べ伝えるために、わざわざ人間の姿をとってこの世に来臨されたのです。そう考えるのが大乗仏教です。そう考えるよりほかないのです。

そして、そのような意味で、大乗仏教ではお釈迦さまを、

——応身仏《おうじんぶつ》——

と呼びます。わたしたち人間に教えを説くために、その人間に応じた身体を持たされた仏だからです。もしもかりに火星に生き物がいて、応身仏がその火星の生き物に教えを説きに行かれたなら、そのときには火星人の姿をとられます。相手に応じた姿をとるのが、この応身仏のあり方です。

わたしは、この応身仏のお釈迦さまを、

——分身仏——

と名づけています。宇宙の分身として、わたしたちに教えを説くために出現された仏だからです。

こう考えると、大乗仏教とキリスト教が同じ構造の宗教だということがわかってもらえるはずです。イエスは神の子であり、宇宙の神であるゴッドのメッセージを伝えるためにこの世に来臨されたのであり、釈迦は宇宙仏の分身であり、宇宙仏の教えを説くためにこの世に出現されたのです。

そして、また、大乗仏教と小乗仏教がまったく違った宗教であることも、以上で明らかになると思います。

小乗仏教において釈迦世尊は人間であり、その人間が三十五歳のときに宇宙の真理を悟って仏陀となった――。それが小乗仏教の考え方ですから、小乗仏教においては、三十五歳以後の釈迦しか拝みません。それ以前は仏陀になっていない、たんなる人間ですから、尊敬の対象になっても崇拝・礼拝の対象にはならないのです。

だが、大乗仏教は違います。大乗仏教においては、お釈迦さまははじめから仏陀（分身仏）です。分身仏としてこの世に来られたのですから、誕生の瞬間から、いや誕生の前から、お釈迦さまはすでに仏陀であります。

それ故、大乗仏教である日本の仏教にあっては、四月八日の花祭《はなまつり》（灌仏会《かんぶつえ》、降誕会《ごうたんえ》ともいいます）を釈迦誕生を祝う行事とし、誕生仏を拝みます。これを見て小乗仏教の人たちは、赤ん坊を拝むのはおかしいと非難しますが、仏陀に対する考え方が大乗仏教と小乗仏教では根本的に違いますから、その非難は当たりません。

浄土――理想仏の存在する場所

さて、大乗仏教は、宇宙仏（法身仏）と分身仏（応身仏）のほかに、もう一種の仏をつくり出しました。それは、

――報身仏《ほうじんぶつ》――

です。わたしの命名だと、

――理想仏――

です。大乗仏教の仏身論は、この理想仏（報身仏）を加えて、三身説が基本になります。

報身仏というのは、修行の果報として身体を受けて仏陀になった存在です。

それはお釈迦さまだ――。修行の結果として仏陀になった存在といえば、釈迦仏がそうだ――。と、思われる人も多いでしょうが、いま述べたように、そう考えるのは小乗仏教です。小乗仏教においては、釈迦は二十九歳で出家をし、六年間の修行ののちに三十五歳で悟りを開いて仏陀となった、と考えます。

しかし、大乗仏教では、そうは考えません。

大乗仏教においては、お釈迦さまは分身仏であり、誕生の瞬間からすでに仏でありますし、最初の最初から仏であって、仏としてこの世に来現されたのです。

だから、釈迦は修行の結果、仏となったのではありません。

では、修行の報いとして仏になったのは誰か……？

たとえば、阿弥陀仏がそうです。

阿弥陀仏は、別名を無量寿仏、無量光仏といいます。この仏は、『無量寿経《むりょうじゅきょう》』によりますと、過去久遠の昔、世自在王仏《せじざいおうぶつ》がこの世におられたとき、その世自在王仏の許《もと》で発心《ほっしん》した法蔵菩薩《ほうぞうぼさつ》（彼はのちに出家をしたので法蔵比丘《びく》ともいいます）が悟りを開いて阿弥陀仏となったのです。法蔵菩薩はすべての衆生を救うために、四十八の本願を立てました。そして、無数の歳月をかけて修行をし、いまから十劫《じっこう》の昔に仏となりました。〝劫〟というのは、天文学的な長い時間だと思ってください。

この阿弥陀仏は、たしかに修行の結果、仏となったのです。

さらに、薬師仏が、修行の報いによって仏となった存在です。

薬師仏あるいは薬師如来は、正しくは薬師瑠璃光《るりこう》如来といいます。衆生の病苦を除き、安楽を与えてくれるといった現世利益《げんぜりやく》の仏として、民衆のあいだで人気のあるほとけさまです。

それから、日本ではあまり知られていませんが、阿閦《あしゅく》仏もまた理想仏の一つです。この阿閦仏は、その昔、東方の阿比羅提国《あびらていこく》の大目如来の許で発願修行し、仏となったとされています。最近の学者の研究によりますと、どうやらこの阿閦仏が、日本に来て薬師仏と混同されたようです。

まあ、ともかく、大乗仏教にはこのように三つの系統の仏――宇宙仏・分身仏・理想仏――があります。

そこで、この三つの系統の仏について、もう少し考察をつづけます。

まず宇宙仏ですが、これは「姿なき仏」なんです。なぜなら、宇宙仏は宇宙そのものである仏であり、宇宙に偏在している仏です。偏在しているということは、姿・形を持っていない、と考えてよいでしょう。いわば抽象的・観念的・理念的な存在です。

ですから、宇宙仏には、存在する「場所」は不必要です。

次に分身仏です。これは、いまから二千六百年の昔にインドに実在されたお釈迦さまそのものです。したがって、かつてお釈迦さまが存在された「場所」はインドでありました。そして、いま現在は、お釈迦さまはおいでになりません。したがって、現在においてはお釈迦さま（分身仏）の存在する「場所」は、これまた不要です。

だが、最後の理想仏に関しては、それが存在する「場所」は必要です。

なぜなら、理想仏は修行の結果、仏となったのです。そして、いま現在もちゃんと存在しています。そのように、歴然と存在している仏であれば、存在している「場所」が必要になるのは当然の話です。

そして、その理想仏の存在する「場所」が、ほかならぬ、

――仏国土・ほとけの国――

であります。そして、そこは浄《きよ》らかな土地だから、

――浄土――

と呼ばれているのです。

このように、浄土というのは、本来的には理想仏（報身仏）の存在する「場所」（仏国土）として考え出されたものです。ですから、〝浄土〟というのは一般名詞です。

そして、固有名詞としての浄土は、それぞれの理想仏がご自分の浄土を持っておられる、そのご自分の国土です。すなわち、
阿弥陀仏は……西方にある極楽世界、
薬師如来は……東方にある浄瑠璃《じょうるり》世界、
阿閦仏は……東方の妙善世界、
をご自分の浄土としておられます。日本においては、阿弥陀仏の極楽世界が飛び抜けて有名で、それだけが浄土のように思われていますが、それはまちがいです。注意しておいてください。
まあ、ともあれ、かくて大乗仏教に「浄土」というものが誕生しました。
で、その「浄土」がいかなるものであるかを、われわれは次章において考察しましょう。

第三章　浄土の存在意義

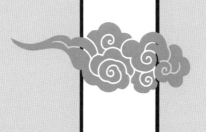

三種の「浄土」

大乗仏教は「浄土」といった観念を生み出しました。これは小乗仏教になかったものです。

その浄土は、起源的には理想仏の居場所として考え出されたものです。

しかし、いったん浄土といったものが考え出されると、それをますます深めようといった動きが起きてきます。その結果、大乗仏教において、浄土の理論が非常に精緻になりました。

浄土というものは、起源的には理想仏の仏国土ですね。理想仏というのは、たとえば阿弥陀仏です。阿弥陀仏は修行の結果、仏になりました。人間が仏になったのです。そうして、仏として現在活躍されています。『阿弥陀経《あみだきょう》』という経典は、そのことを、《今現在説法《こんげんざいせっぽう》》（いま現在、説法しておられる）

と言っています。どこで……でしょうか？　宇宙空間にぽっかり浮かんで……というわけにはいきません。阿弥陀仏にそれができても、説法を聴く人々にそれができるわけがありません。

だから、阿弥陀仏の居場所が必要です。

それが極楽世界です。

その極楽世界は浄《きよ》らかな土地だから、「浄土」と呼ばれます。

このように、理想仏は現実的に肉体を持った仏だから、浄土が必要になります。

では、他の種類の仏には、浄土は不必要ですか……?

大乗仏教には三種類の仏があり、理想仏のほかには宇宙仏と分身仏がおられます。

宇宙仏は姿・形を持たない仏です。肉体を持たない仏だから、理論的には居場所——浄土——は必要ありません。

分身仏は、具体的にはお釈迦さまです。お釈迦さまは、二千六百年の昔に、この地球上で肉体を持って活躍されました。そのときは、この地球という居場所がありました。しかし、お釈迦さまは涅槃《ねはん》に入られ、すでに肉体を喪失されています。そのような仏には居場所は必要ありません。

だから、浄土という居場所の必要な仏は、理論的には理想仏だけです。

けれども、大乗仏教は、せっかく理想仏のために浄土という居場所をつくったのだから、他の二種類の仏にも浄土を設定しよう……と考えました。つまり、三種類の仏にそれぞれの浄土があり、浄土は三種類になる――としたのです。そのほうがすっきりします。

では、三種類の浄土とは、どういうものでしょうか？

わたしは個人的に、その三種類の浄土を左のように命名しています。

1　宇宙浄土……もちろん、宇宙仏の浄土です。宇宙仏というのもわたしの個人的な命名で、仏教学の専門用語では〝法身仏〟といいます。宇宙の真理を身体にしている仏といった意味です。つまり、宇宙そのものを仏と見ているのですから、この仏の居場所（浄土）は宇宙そのものです。

2　娑婆《しゃば》浄土……分身仏（仏教学の用語だと〝応身仏〟）の浄土です。〝娑婆〟というのは、われわれが住んでいる世界です。分身仏であるお釈迦さまは、この娑婆世界で活躍されました。したがって、娑婆世界がお釈迦さまの仏国土（浄土）なのです。

3　理想浄土……もちろん、これは理想仏（仏教学的には〝報身仏〟といいます）の浄土です。

では、われわれは、この三種の浄土について考えてみましょう。

理想浄土は「別世界浄土」「往生する浄土」

まず理想浄土です。

そんなに念を押す必要はないのですが、この理想浄土が「浄土」の基本型です。わたしたちは浄土といえば、すぐさまこのタイプの浄土を想い浮かべます。

そして、日本においては阿弥陀仏の極楽浄土が有名です。それ故、浄土といえば極楽世界、となってしまいます。けれども、極楽世界は理想浄土の一つであって、浄土イコール極楽ではありません。極楽世界のほかに、薬師如来の浄瑠璃《じょうるり》世界もあります。そのことを忘れないでください。

さて、この理想浄土の特色は、それが別世界であることです。わたしたちが住んでいるこの世界――娑婆――の外にある世界です。阿弥陀仏の極楽世界は、『阿弥陀経』によりますと、

《これより西方《さいほう》、十万億の仏土《ぶつど》を過ぎて、世界あり、名づけて極楽という》

とあります。遠い遠い宇宙空間の彼方にあるわけです。

もっとも、「西方、十万億の仏土を過ぎ」た所はどこか？となれば、それはもう落語の領域です。

「よくあの極楽なんてことを聞きますが、いったいあの極楽なんてのは、どこにあるんです」

「十万億土にある」

「十万億土って言いますと……」

「西方弥陀《さいほうみだ》の浄土だ」

「さいほうみだのじょうどって言いますと？」

「西方というから、つまり西のほうだなあ」

「高円寺から荻窪あたり……？」

「とんでもない。ずっと西だ」

「ずっと西って言いますと……」

「西の……ずうっと、あっちだなあ」

「西のあっち、と言いますと？」

「ずうっと向こうのほうだ」

「向こうのほうって言いますと？」

「……これは、おまえ、大変だな」

「大変って言いますと？」

「だからさ、いま言う通りさ、おまえ……まあ、あるから心配するな」

「いえ、別に心配しちゃあいません。どこにあるか聞いているんです。どこにあるんです？」

「ちゃんとあるよ」

「だから、どこに？」

「つまり、その……もう、おまえ……お帰り」

ご存じ、落語「浮世根問《うきよねどい》」の八公と横丁の隠居の問答です。極楽浄土の正確な所在地を訊かれても、困ってしまいますよね。

まあ、ともあれ、理想浄土は、

——別世界浄土——

です。わたしたちの住んでいるこの世界の外にある浄土です。

ということは、わたしたちはこの理想浄土に、死んでから往くのです。そこに往って生まれるのです。つまり、「往生する」のです。

その意味では、この理想浄土は、

——往生する浄土——

です。〝往生する〟という言葉は、

《困り果て処理できなくなること》（『新潮国語辞典』）

といった変な意味があるので往生しますが、この場合の〝往生〟は、

《死後、極楽浄土に往（ユ）き、蓮華（レンゲ）の中に生れること》（同上）

です。

これが理想浄土の特色です。

娑婆世界を浄土化する

次は娑婆浄土です。

これは分身仏である釈迦仏の浄土です。

〝娑婆〟は、サンスクリット語の〝サハー〟を音訳したものです。〝サハー〟は「忍耐」を意味します。わたしたちが生きるこの世界は、いろいろの苦しみ、悩みがあります。わたしたちはそれをじっと耐え忍んで生きねばなりません。だから、娑婆なんです。「忍土」と意訳されています。

ということは、娑婆は極楽浄土などと違って、その正反対の、

――穢土《えど》――

です。汚れた土地です。

その娑婆が浄土である――といった「娑婆浄土」なんていうわたしの命名は、いささか矛盾ですよね。

しかし、それじゃあ、釈迦仏、お釈迦さまには浄土がなかった――ということになりま

す。そのほうが、お釈迦さまに失礼ですよね。

だとすれば、お釈迦さまが活躍なされた土地、この娑婆世界を、お釈迦さまの仏国土、浄土と認めるよりほかならないのです。すなわち、娑婆浄土です。

じつは、これでいいのです。

娑婆浄土を、「娑婆が浄土である」と解釈すれば、いささか矛盾のように感じられますが、しかし、これを「娑婆を浄土にする」と解釈すれば、少しも矛盾していません。そうなんです、わたしたちは、この娑婆を浄土にすればいいのです。

この思想を表明した言葉に、

――「浄仏国土」――

があります。これは、「仏国土を浄《きよ》める」と訓じられます。

この仏国土を浄める仕事は、大乗仏教においては菩薩《ぼさつ》に課せられています。

そのことを述べているのが、代表的な大乗仏教の経典である『法華経』です。

すなわち、『法華経』の「従地涌出品第十五《じゅうじゆじゅつほん》」には、この仏国土を浄める仕事をする、

――地涌《じゆ》の菩薩――

が登場します。この地涌の菩薩は、大地より涌《わ》き出た無数の菩薩です。
釈迦仏が『法華経』を説かれたとき、「他方国土」より来た菩薩たちが釈迦仏に言います。
釈迦仏が入滅されたあとは、わたしたちがこの『法華経』の教えを弘める仕事をやります
——と。

この「他方国土」というのは、娑婆ではないよその国です。わたしの命名では「理想浄土」です。たとえば極楽世界ですね。そうした理想浄土から、多勢の菩薩がわたしたちのこの娑婆世界に来ておられるのです。たとえば観音《かんのん》さま（正しくは観世音《かんぜおん》菩薩といいます）は、極楽世界からこの娑婆世界に来ておられる菩薩です。そのような理想浄土（他方国土）からの菩薩たちがお釈迦さまに、わたしたちが『法華経』を弘める仕事をやります——と申し出たのです。

すると、釈迦仏は、こう言われました。

《「止《や》めよ、善男子よ。汝等《なんだち》の、この経を護持することを、須《もち》いず。……」》

なぜ、でしょうか？

《「……所以《ゆえ》はいかん。わが娑婆世界に、自《おのずか》ら六万の恒河《ごうが》の沙《すな》に等しき菩薩・摩訶薩《まかさつ》有

り、一一《いちいち》の菩薩に各《おのおの》、六万の恒河沙《ごうがしゃ》の眷属《けんぞく》あり。この諸《もろもろ》の人等《にんら》は、能《よ》くわが滅後において、護持し、読誦して、広くこの経を説けばなり」》

恒河とはインドのガンジス河です。そのガンジス河の沙の数を六万倍した菩薩や摩訶薩（立派な人）が、すでにこの娑婆世界にいる。その多数の菩薩・摩訶薩の一人一人にそれぞれガンジス河の沙を六万倍した数の眷属（従者）がいる。『法華経』を弘める仕事はこれらの人々がやってくれるから、あなたがた他方国土の菩薩たちの仕事ではない。釈迦仏はそう言っておられます。

そして、釈迦仏がこのように説かれたとき、

《仏、これを説きたもう時、娑婆世界の三千大千の国土は、地、皆、震裂《しんれつ》して、その中より、無量千万億の菩薩・摩訶薩ありて、同時に涌出《ゆじゅつ》せり》

大地より無数の菩薩が出現しました。

これが「地涌の菩薩」です。

この地涌の菩薩が、『法華経』の教えを説き弘めて、それによってこの娑婆世界を浄化する仕事を担当するのです。

ご存じと思いますが、鎌倉時代の日蓮聖人は、自分こそその地涌の菩薩だという自覚を持ちました。代表的な地涌の菩薩としては、

――上行《じようぎよう》菩薩・無辺行菩薩・浄行菩薩・安立行《あんりゆうぎよう》菩薩――

の四大菩薩があります。日蓮は、自分はその筆頭の上行菩薩だと自覚し、この娑婆世界を浄土化しようとしたのです。

それ故、日蓮宗においては、釈迦仏の仏国土であるこの娑婆世界がほかならぬ浄土である。いや、浄土にせねばならぬ、と考えています。そして、その浄土を、

――霊山《りようぜん》浄土――

と名づけています。霊山とは、インドの摩掲陀《まがだ》国（マガダ）の首都の王舎城《おうしやじよう》（ラージャグリハ）郊外にある霊鷲山《りようじゆせん》（別名、耆闍崛山《ぎじやくつせん》）のことです。釈迦仏が『法華経』を説かれたのはこの山の頂上であったとされていますから、霊山（霊鷲山）は聖なる山なのです。

日蓮聖人は、要するに、わたしたちの住むこの娑婆世界を浄土にしようとしました。その意味では、娑婆浄土は、

――浄化する浄土――

だと言えるでしょう。

「娑婆即寂光土」

「浄化する浄土」といえば、もう一つあります。

それは禅が考える浄土です。

――「心浄土浄《しんじょうどじょう》」――

といった言葉があります。これは「心浄、土浄」であって、「心浄《きよ》ければ、土も浄し」と読みます。わたしたちの心が浄らかであれば、この娑婆世界も浄らかなんです。この娑婆世界が穢土《えど》だというのは、わたしたちの心が汚れているからです。そういう考え方にもとづいています。

だから、この娑婆世界を浄土にしようとすれば、わたしたちの心を浄らかにすればいい。

それが禅の主張です。

白隠《はくいん》禅師は江戸時代の禅僧で、臨済宗中興の祖とされています。

その白隠の所に、ある日、一人の武士が訪ねて来て、

「和尚、地獄や極楽は本当にあるのですか……？」

と質問しました。

それに対して白隠はまともに答えず、その武士をからかいます。

「おまえは武士のくせに、大方は死ぬのが怖いのじゃろう。それで、地獄や極楽があるか？と質問する。武士なら武士らしく、もっと毅然《きぜん》とせよ！」

最初、武士はおとなしくしていたのですが、白隠禅師があまりにも罵倒するので、ついに激怒します。そして、禅師が武士の顔面に唾を吐きかけたとき、

「いかに高名なる禅師とはいえ、あまりにも無礼。許さん！」

と言って、刀を抜いて斬りかかりました。

それをひらりと躱《かわ》して、白隠はすかさず言いました。

「それ、そこに地獄がある！」

と。

武士は、はっと気がつきます。

そして、武士は畳に手を突いて謝罪しました。

「よくわかりました。禅師、どうかお赦しください」

「ほれ、そこに極楽がある」

白隠禅師はそう言いました。

本当にあった話かどうか、わかりません。しかし、この話は、禅の考え方をよく示しています。

ある意味で、わたしたちの心の中に浄土があるのですね。

このような禅の考え方を端的に表明した言葉に、

――「娑婆《しやば》即寂光土《そくじやつこうど》」――

があります。娑婆がそのまま寂光土（浄土）だというのです。迷いの目で見れば娑婆は穢土ですが、ほとけの目で見ると娑婆は浄土なんです。「娑婆浄土」というわたしの命名は、ここに裏付けられています。

宇宙浄土は「まんだら浄土」

最後に宇宙浄土です。これは宇宙仏の浄土です。

宇宙仏というのは、姿・形を持たない仏です。宇宙大に拡がっている仏と言ってもよいでしょうし、宇宙そのものが仏だとも言えます。そのような仏の浄土であるということは、要するにこの宇宙全体が浄土であるということになります。

この宇宙浄土を、仏教学では、

——密厳《みつごん》浄土——

と呼んでいます。

というのは、宇宙仏の固有名詞は大日如来です。そして、真言宗では、その大日如来の浄土を密厳浄土と名づけています。〝密厳〟とは「秘密荘厳《ひみつしょうごん》」の略で、わが国真言宗の開祖である弘法大師空海が、真言密教の究極の境地を「秘密荘厳住心」と名づけたのに由来しています。

この大日如来の密厳浄土は宇宙の中心にあります。そして、その密厳浄土の周囲に阿閦《あしゅく》仏・宝生仏・阿弥陀仏・釈迦仏の浄土がある——と、真言宗では考えています。

でも、こんなふうに説明されると、宇宙浄土の特色がなくなってしまいます。宇宙浄土というものは、宇宙そのもの、宇宙の全体が浄土なんです。宇宙の中心だけが浄土だ、というわけではありません。

たぶん昔の人は、阿弥陀仏の極楽浄土を西方十万億土の彼方に設定したのと同じ感覚で、大日如来の密厳浄土を宇宙の中心に設定したのでしょう。昔は、そう考えるよりほかなかったのです。

しかし、われわれ現代人は、昔の人よりははるかに「宇宙」といった概念・観念に親しんでいます。だから、われわれには、宇宙浄土は宇宙浄土でいいのです。ともかく、宇宙がそのまま浄土なんだと思ってください。

さて、そうすると、この宇宙浄土は、

——在する浄土——

だと言えます。宇宙はまぎれもなく存在しています。われわれは宇宙の中に生きているのです。だから、宇宙浄土は「存在する浄土」です。

そして、わたしは、この浄土に、

――まんだら浄土――

といった名称を与えたいのです。

では、「まんだら」とは何でしょうか……？

この語は〝曼荼羅《まんだら》〟〝曼陀羅《まんだら》〟と表記されますが、それはサンスクリット語の〝マンダラ〟を音訳したものです。ですから、漢字には特別な意味がありません。そこでわたしは、これを〝まんだら〟と表記することにしています。

サンスクリット語の〝マンダラ〟は、〝マンダ〟が「真髄・本質」といった意味で、〝ラ〟は「持っている」という意味の接尾辞です。したがって、〝マンダラ〟とは「本質を持ったもの」という意味になります。

仏教で本質といえば、まちがいなく「悟り」です。ですから、悟った存在、すなわちほとけさまがまんだらです。あるいは、仏の性質（仏性《ぶっしょう》）を持ったものがまんだらです。

そういえば、大乗仏教では、

「一切衆生悉有仏性《いっさいしゅじょうしつうぶっしょう》」――一切の衆生が悉《ことごと》く仏性を有している――

と言います。これは『涅槃経《ねはんぎょう》』の言葉です。ここで〝衆生〟とは、人間ばかりでなく、あらゆる生き物を意味します。すべての生き物・生きとし生けるものすべてが仏性（仏の性質）を持っている――というのが、大乗仏教の究極の主張です。

そして、仏の性質を持ったものはすべてまんだらですから、要するにこのいのちの世界、この宇宙の全体がまんだらなんです。

だから、宇宙浄土を「まんだら浄土」と呼べるのですね。

以上で、三種の浄土の概略がおわかりいただけたかと思います。もう一度、三つの浄土を並べて示します。

1　宇宙浄土……宇宙仏（大日如来）の浄土――密厳浄土――存在する浄土・まんだら浄土。

2　娑婆浄土……分身仏（釈迦仏）の浄土――霊山浄土――浄化する浄土。

3　理想浄土……理想仏（阿弥陀仏・薬師仏など）の浄土――極楽浄土・浄瑠璃浄土・等々

――別世界浄土・往生する浄土。

『法華経』が描写する極楽世界

わたしたちの常識では、浄土というものは、死んでから往く別世界です。つまり、往生する浄土ですね。

しかし、それは浄土の一つであって、浄土のうちには宇宙浄土もあれば、わたしたちが住んでいるこの世界が浄土だという考え方もあるのです。

まあ、ともあれ、仏教学的には、浄土というものは、

――ほとけさまの国――

なんです。そのほとけさまの国がどこにあるか、たとえば心の中にあってもいいのです。あるいは、これからこの地上につくってもいいわけです。それが仏教学的な解釈です。

だが……。

それは仏教学の話です。仏教学ではそうだとしても、わたしたちの常識はそうではあり

ません。

わたしたちにとっては、浄土といえば極楽浄土に決まっています。極楽世界をおいて、ほかに浄土が考えられますか……?!

それ故、われわれは次に、このおなじみの極楽浄土について考察することにしましょう。

極楽浄土がどういう世界か？　ちょっと意外に思われるかもしれませんが、まず『法華経』の記述を読んでいただきます。

《西方に、幸福の鉱脈である汚れないスカーヴァティー（極楽《ごくらく》）世界がある。

そこに、いま、アミターバ仏は人間の御者として住む。

そして、そこには女性は生まれることなく、性交の慣習は全くない。

汚れのない仏の実子たちはそこに自然に生まれて、蓮華の胎内に坐る》

これは、『法華経』の「観世《かんぜ》音菩《おんぼ》薩普《さつふ》門品《もんぼん》第二十五」（これがいわゆる『観音経《かんのんぎょう》』と呼ばれるものです。『観音経』は、『法華経』の一章を独立させたものです）に相当するサンスクリット語原本からの引用です（岩本裕訳による）。ただし、サンスクリット語原本ではこれは第二十四章で、「あらゆる方角に顔を向けたほとけ」という章題になっています。それから、いま引用した部分はサンスクリット語原本にはありますが、羅什《らじゅう》訳の『妙法蓮華経《みょうほうれんげきょう》』には訳されていません。

それはともかく、『法華経』（サンスクリット語本）の中で、極楽世界（スカーヴァティー）が描写されています。

当然のことですが、その極楽世界にはアミターバ仏（阿弥陀仏）がおいでになります。注意してほしいのは、《そこには女性は生まれることなく、性交の慣習は全くない》とある点です。

じつは、これを「男尊女卑」の思想として糺弾される方がおられます。

でも、わたしはそうは思いません。

なぜなら、『法華経』は、わたしたち人間世界（娑婆世界）の女性は極楽浄土に生まれることはできない――と言っているのではないからです。もしも、この娑婆世界の女性が極楽浄土に生まれることができないのであれば、それは紛れもなく、差別です。だが、女性は極楽世界に生まれるのです。

ただし、極楽世界に生まれたとき、全員が男性になっています。したがって、極楽世界には女性がいないのです。

そういう意味です。

もっとも、全員が男性になるということが差別だ——と息巻く人がおられるかもしれません。それなら、こう言い換えてもよいと思います。極楽浄土に生まれるときは、全員が女性になる——と。男性でも女性でも、どちらでもいいのです。ともかく、極楽浄土には、一つの性しかありません。その一つの性を、昔の人は、〝男性〟と呼んだのです。

一つの性しかないのだから、そこには《性交の慣習は全くない》のです。

このことは重要です。

わたしは、ここで『法華経』が言っていることは、極楽世界というのは、

——理想のサンガ——

である、ということだと考えます。

〝サンガ〟は〝僧伽《そうぎや》〟と音訳される言葉で、仏教の修行者の集まり、教団のことです。この〝僧伽〟が省略形では〝僧〟になります。「僧」は本来は集合名詞で、お坊さんの集まりをいいます。したがって、〝一人の僧〟といった表現はおかしいのですが、最近はそういう

使い方もされています。

僧はまた三宝の一つです。

三宝とは、仏宝と法宝と僧宝です。仏という宝、法（仏の教え）という宝、僧という宝です。

この三宝に帰依するのが「三帰依」です。じつは仏教者になるということは、この仏・法・僧の三宝に帰依することだとされています。

普通、「三帰依文」はパーリ語で唱えます。

《ブッダン・サラナン・ガッチャーミ（Buddhaṃ saraṇaṃ gacchāmi）

ダンマン・サラナン・ガッチャーミ（Dhammaṃ saraṇaṃ gacchāmi）

サンガン・サラナン・ガッチャーミ（Saṃghaṃ saraṇaṃ gacchāmi）》

日本語に訳せば、

「われ仏に帰依す。

われ法に帰依す。

われ僧に帰依す」

となります。

わたしは、極楽浄土というのは、まさしくこの僧宝ではないか、と思うのです。なぜなら、サンガ（仏教教団）は出家者の集まりだからです。比丘《びく》サンガは男性ばかりの集団であり、比丘尼《びくに》サンガは女性ばかりの集団です。極楽浄土は一つの性しかないのだから、まさにこの比丘サンガか比丘尼サンガと同じですよね。

「三帰依文」の解釈

ちょっと脱線になりますが、「三帰依文」に関する体験談をしておきます。

それは、インドの仏蹟参拝のツアーのときでした。

わたしは、「ひろさちや先生とともに行くインド仏蹟巡拝の旅」の同行講師として、インドの仏蹟をもう二十回近くも旅しています。

各地の仏蹟を訪れたとき、わたしは、ツアーに参加された僧侶の方に導師をお願いして、全員で『般若心経』をあげることにしています。日本でいちばんポピュラーなお経といえば、やはり『般若心経』だからです。

ところが、あるとき、日蓮宗の熱心な信者がツアーに参加され、その方は『般若心経』はあげたくないと言われたのです。それで、わたしは、次の仏蹟では、みんなでパーリ語の「三帰依文」を唱えることにしました。

だが、驚いたことに、今度は、

「わたしは〝三帰依文〟は嫌いだ。〝三帰依文〟なんて唱えたくない！」

と言われる方が出て来ました。

『般若心経』はよく読まれるお経ですが、ただ日蓮宗と浄土真宗の方は読みません。それで、『般若心経』をあげようとすると、「わたしはいやだ」と言う人が出て来ることはよくあります。ですが、「三帰依文」にクレームがついたことなど、これまで聞いたこともありません。

びっくりしました。そして、わたしは理由を尋ねました。

「わたしは、仏に帰依し、法に帰依することはやぶさかではありません。仏教徒として、仏と法には帰依します。けれども、僧には帰依できません。酒を飲み、女を抱き、欲望だらけの、あんな日本の坊主に、どうして帰依せねばならないのですか?! わたしは、絶対に僧には帰依しません!」

いいえ、これはわたしの発言ではありませんよ。その人が言われた言葉です。グループには数人のお坊さんがおられたのですが、その人は歯に衣《きぬ》を着せず、痛烈な言葉をものされました。

あのときは、わたしもちょっと困りました。

しかし、わたしは、わが国浄土宗の元祖の法然上人の言葉を引用して、お坊さんを弁護しました。

法然上人は『百四十五箇条問答』の中で、こう言っておられます。

《一。破戒の僧、愚癡の僧、供養せんも功徳にて候か。

答。破戒の僧、愚癡の僧を、末の世には、仏の如く貴むへきにて候也》

破戒の僧、愚かな僧に供養して、それで功徳がありますか? 法然上人はそう問われたとき、いまは末法の世の中であるから、破戒の僧、愚かな僧であっても、仏に対するがごとくに敬え、と答えられました。

なるほど、お釈迦さまの時代の僧は立派であり、後世の僧は堕落しています。それはそうでしょう。けれども、忘れてならないのは、お釈迦さまの時代の在家信者は、今日のわたしたち在家信者よりはるかに立派だったのです。堕落したのは僧ばかりではありません。われわれ在家信者だって堕落しているのです。それを、自分のことは棚に上げて、僧侶ばかりを責めるのはどうでしょうか。だから、法然上人は、末《すえ》の世《よ》なんだから、堕落した僧をも敬え——と言われたのです。わたしはそう解説しました。

でも、その人には納得してもらえませんでした。

それで、わたしには、この問題が宿題として残りました。

二、三日のあいだゆっくり考えて、ちょうどお釈迦さまの生誕の聖地であるルンビニーに訪れたとき、わたしは皆の前で次のような趣旨の話をしました。

前に掲げた（一四〇ページ）パーリ語の「三帰依文」を直訳すれば、こうなります。

「わたしは、ブッダ（仏）というサラナに行きます。

わたしは、ダンマ（法）というサラナに行きます。

わたしは、サンガ（僧）というサラナに行きます」

ここで〝サラナ〟という言葉ですが、これは「避難所、防空壕」といった意味です。だとすれば、「三帰依文」はこういうことを言っているのです。

わたしたちがこの世で生きているとき、さまざまな災難や不幸に襲われ、苦しくなったり悲しくなったりすることがあります。そういうとき、あなたはどうしますか……？　あなたが仏教者であれば、そういうときには、お釈迦さま（仏）という避難所に逃げ込むはずです。また、お釈迦さまの教え（法）という避難所に逃げ込むはずです。それが、仏に帰依し、法に帰依することです。

しかし、仏教者以外の人は、まったく無宗教の人であれば、苦しくなったとき、悲しくなったとき、淋しくなったとき、ネオンの巷に出て行き、やけ酒を飲んだり、喧嘩をしたりしてうさを晴らそうとするでしょう。その人は、そのとき、酒やネオンの繁華街をサラナ（避難所）にしているのです。

だが、仏教者はそんなことをしません。仏教者は仏・法・僧を避難所にします。苦しいとき、悲しいとき、三宝を避難所にすることのできる人が真の仏教者なのです。わたしはそう思います。

だとすれば、サンガを避難所にするとは、どういう意味でしょうか？

残念ながら、お坊さんではなさそうです。お坊さんを避難所にできそうもありません。また、お寺に逃げ込むわけにはいきません。現代日本のお寺は、不特定多数の人々に門戸を開いてはいません。なかには、拝観料をとるお寺もあります。

サンガというのは、本来の意味は「集まり」です。したがって、わたしたち仏教者が避難所にするのは、

――仏教者の集まり――

でなければなりません。

そうなんです。サンガというのは、まずわたしたちの家庭だと思います。いや、わたしたちは、家庭をサンガにすべきです。

でも、いまの日本の家庭はサンガになっていませんね。

インドのヒンドゥー教徒の家庭も、パキスタンのイスラム教徒の家庭も、ヨーロッパのクリスチャンの家庭も、家族にとっての避難所になっている家庭が多いと思います。彼らは外でいやなことがあったとき、家に逃げ帰ってほっとします。それでこそ、本当の家庭

です。だが、日本人は、会社でいやなことがあれば、家には帰らず赤提灯に行っておだをあげます。赤提灯が避難所（サラナ）になっているのです。

「イザカヤ・サラナン・ガッチャーミ」「パチンコ・サラナン・ガッチャーミ」「カラオケ・サラナン・ガッチャーミ」

そのように「新三帰依文」に変更する必要がありそうです。

閑話休題。ともあれ、サンガというのは「仏教者の集まり」です。わたしたちは、各自の、家庭を真の仏教者の集まりにせねばなりません。それが「三帰依文」の意味だと思います。……。

わたしはそのように解説しました。わたしの解説に、「三帰依文」は嫌いだと言っておられた人も、そういうことであればわたしも喜んで「三帰依文」を唱えます——と言っていただきました。

あれは貴重な体験でした。

極楽世界という理念的・未来的サンガ

じつをいえば、この三宝の問題は、相当に厄介なのです。

すでに触れたように、大乗仏教は釈迦入滅後四、五百年して、インドの地に芽生えた仏教です。はっきり言って「新興宗教」です。

そして、大乗仏教が誕生したとき、すでにお釈迦さまはおいでになりません。

その意味では、大乗仏教には仏がないのです。

しかし、仏がない仏教なんてあり得ないから、大乗仏教はそれ故、独自の仏身論を開発して宇宙仏・分身仏・理想仏をつくりました。

さらに大乗仏教は、大乗経典と呼ばれる新しい経典をつくりました。すなわち、「法」をつくったのです。

だが、「僧」（サンガ）に関しては、大乗仏教は新しいものをつくっていません。つくれないのです。

なぜなら、大乗仏教がサンガ（この場合は出家者の集団ですが）をつくると、大乗仏教は大乗仏教でなくなってしまいます。

というのは、大乗仏教は在家仏教なんです。

かりに小乗仏教を、

――出家者による、出家者のための仏教――

と特徴づけるなら、大乗仏教のほうは、

――在家信者による、在家信者のための仏教――

と言うべきでしょう。大乗仏教のレーゾン・デートル（存在理由）はそこにあります。

にもかかわらず、その大乗仏教に出家者の教団（サンガ）があれば、おかしいことになりますよね。

サンガというものが出家者だけで構成されているものであれば（事実、小乗仏教のサンガはそうです）、大乗仏教にはサンガは要りません。大乗仏教の担い手は在家信者だからです。

けれども、サンガがなくて、それで仏教になるでしょうか……？　仏教というものは、基本的には仏・法・僧の三宝が揃っているべきでしょう。

そのために、大乗仏教においては、ちょっと特殊なサンガを設定しました。

それが極楽世界です。

極楽世界は男性だけで構成されています。ということは、そこにいるのは出家者ばかりです。だから、極楽世界そのものがサンガなのです。そう考えることが可能です。

ここに、大乗仏教において浄土が想定される必然性があります。

浄土というのは、大乗仏教において、第一義的には、

——理念的、未来的サンガ——

です。大乗仏教は現実的にはサンガを必要とせず、したがってそれを持ちません。それ故にこそ、それを別世界である極楽浄土に設定したのです。

こういうふうに考えてください。大乗仏教徒が小乗仏教徒から、

「おまえたちにはサンガがないではないか。それで仏教と言えるのか?!」

と難癖をつけられたとします。そのとき、大乗仏教徒は傲然と胸を張って、

「わたしたちには、極楽浄土という理想のサンガがある。これは未来に設定されているサンガだ。サンガがないなどと、変な言い掛かりはやめてくれ!」

と言い返せばいいのです。わたしたちは卑屈になる必要はありません。

「仏・法・僧を憶念せよ」

『相応部経典』（一一―一―三）に「旗の先」という経典があります。いま、『ブッダ 悪魔との対話――サンユッタ・ニカーヤⅡ――』（中村元訳、岩波文庫）から引用します。

「旗の先」といったタイトルは、昔、帝釈天と阿修羅との戦闘の折の故事に由来します。帝釈天は配下の神々にこう言いました。もしも戦闘に赴いたときに、おまえたちの心の中に恐怖や戦慄が生じたならば、わたし、帝釈天が持つ旗の先を見上げよ。そうするとたちまち、恐怖や戦慄がなくなるであろう、と。その帝釈天の言葉を踏まえて、釈迦世尊は弟子たちにこう説法されました。

《修行僧たちよ。もしもそなたらが森の中にいようとも、樹木の根もとにいようとも、空屋《あきや》にいようとも、恐怖が起こったならば、戦慄が起こったならば、身の毛のよだつことがあったならば、その時にはわれわれを憶念せよ。……（中略）……。

修行僧たちよ。そなたらがわたしを憶念するならば、恐怖が起こっても、戦慄が起こっても、身の毛のよだつことがあっても、それは除かれるであろう。もしもわたしを憶念することができないならば、〈法〉を憶念せよ。……（中略）……。もしもそなたらが法を憶念するならば、恐怖が起こっても、戦慄が起こっても、身の毛のよだつことがあっても、それは除かれるであろう。もしも法を憶念することができないならば、〈集い〉を憶念せよ。……（中略）……。もしもそなたらが集いを憶念するならば、恐怖が起こっても、戦慄が起こっても、身の毛のよだつことがあっても、それは除かれるであろう。……（後略）……》

じつをいえば、この引用をもう少し早くしておくべきでした。そうすれば、読者に、わたしの言わんとするところがもっとよくわかっていただけたのではないか、と思います。けれども、ものは考えようで、この引用をもとにして、これまで述べたことをもう一度整理すればよいのです。もちろん、繰り返し、重複になる部分もありますが、その点はお許しください。

ここで釈迦世尊が語っておられるのは、出家者たちが、日常生活において恐怖や戦慄に直面したときは、仏・法・僧の三宝を憶念せよ、そうすれば恐怖や戦慄が除去されるであろう……ということです。「われを憶念せよ」という「われ」は、もちろん釈迦世尊その人、すなわち「仏」です。そして、「集い」と訳されている言葉は、「サンガ」「僧伽」です。

このことは「三帰依文」の解説で述べた通りです。

わたしたちが世間において恐怖に直面したとき、仏という避難所、法（仏の教え）という避難所に逃げ込めばいいのです。そのことを釈迦世尊は、仏や法を憶念せよ！と教えられたのです。

では、僧という避難所はどうでしょうか……？　釈迦世尊は出家した弟子たちに、あなたがたは僧を憶念せよ、と教えられました。わたしたち在家信者も、僧という避難所に逃げ込むことができますか？

残念ながらできません。小乗仏教のサンガは、在家信者を受け容れてくれません。

だから、在家信者は、在家信者らしいサンガをつくるべきです。

具体的には、それは家庭だと思います。

そうです。家庭は避難所であるべきです。

憂き世の荒波に身も心も疲れてしまったとき、わたしたちは家庭に戻れば癒やされるのです。そういう家庭にしたいですね。

その点では、日本人は落第です。わたしたちは赤提灯やパチンコ店を避難所にしていませんか。あるいは麻薬に逃げ込んでいませんか。

子どもが外でいじめに遭ったとき、子どもは父や母を憶念すればいい。

でも、子どもが家庭を避難所にできるのは、いつも父や母が子どもに言ってくれているからです。

「お父さんはおまえの味方だぞ。おまえにどんなことがあっても、お父さんはおまえの味方だということを忘れるなよ」

「お母さんはあなたが大好きなんだよ。あなたがどうしようと、お母さんはあなたが大好きなんですよ。忘れないでね……」

それが本当の愛情の言葉です。そのような言葉があって、はじめて子どもは家庭という避難所に逃げ込めるのです。

いかがですか？　あなたの家庭は、そのような避難所になっていますか……？

大乗仏教独特の三宝

釈迦世尊は出家した弟子たちに、恐怖に怯えたとき、あなたがたは、

わたし、釈迦という仏と――

わたしが説いた教え（法）と――

出家の集まりであるサンガ（僧）を――

憶念しなさい、と教えられました。そうすると、恐怖心がなくなるのです。

しかし、それは、釈迦の生前のことであり、また出家者に向けての指示です。

いまは、お釈迦さまはおられません。

それに、日本の仏教は大乗仏教であり、仏教者は基本的に在家信者です。日本にもいちおう「出家」と呼ばれるお坊さんはおられますが、でも全員が真の意味での出家ではありません。出家というのはホームレスですよ。妻子がないのはもちろん、住む家があっても真の出家ではありません。

そうすると、憶念すべきサンガがありません。

では、どうすればいいでしょうか……？

大丈夫です。大乗仏教には、大乗仏教らしい仏・法・僧の三宝があります。西方の極楽世界には阿弥陀仏がおいでになります。宇宙浄土の密厳浄土には大日如来がおられます。娑婆浄土の霊山浄土には釈迦仏がおいでになります。わたしたちは、それらの仏を憶念すればいいのです。

そして、極楽世界においては、阿弥陀仏が、

《今現在説法》（『阿弥陀経』）

しておられます。いま現在、「法」を説いておられるのです。

また、霊山浄土においては、釈迦仏が『法華経』を説きつづけておられます。大日如来は宇宙語である象徴言語でもって「秘密仏教」を説いておられます。わたしたちはいつでも大乗仏教の「法」を憶念できるのです。

そして、大乗仏教には独特のサンガ（僧）があります。

西方極楽世界がサンガです。宇宙浄土である密厳世界がサンガです。娑婆浄土としての霊山浄土がサンガです。わたしたちはそのようなサンガを憶念しつつ、わたしたちの家庭

を浄土化して避難所にするのです。それが大乗仏教の在家信者の生き方だと思います。

「われ仏に帰依す。
われ法に帰依す。
われ僧に帰依す」

わたしたちは心から三宝に帰依したいものです。

第四章　極楽浄土の本質

キリスト教における最後の審判

三、四十年も昔に聞いた話です。

フランスに留学していた日本人青年が、パリの公園のベンチに腰掛けて、フランス人老夫婦と会話を楽しんでいました。取り留めのない世間話だったのですが、話がいつのまにか宗教の問題になり、そして日本人青年がこう言いました。

「仏教では極楽や地獄の話をし、キリスト教でも天国や地獄の話をする。宗教は、どうしてそのようなお伽噺《とぎばなし》を語るのか……?! 馬鹿々々しいじゃありませんか。天国や地獄なんて、あるわけがないでしょうよ……」

すると、フランス人老夫婦が、そろって日本人青年を猛攻撃したというのです。

「おまえは何を言うのか?! 怪《け》しからんぞ! 天国や地獄はあるべきだ。われわれにとって、天国や地獄がなければ困るのだ。あってもらわねばならない――」

「わたしたちが現世をまじめに、慎ましく、悪いことをしないで生きているのは、いずれ悪人が、来世において、地獄でのたうちまわる姿を見たいからです。地獄がないのであれば、わたしたちが現世をまじめに生きている意味がなくなってしまいます。だから、わたしたちにとって、地獄が必要なんですよ。なければ困ります」

それがフランス人の「論理」であったというのです。

昔、この話を聞いたとき、いかにもキリスト教徒らしい考え方だと感心しました。そして、最近、ますますこの話に感心しています。

というのは、『新約聖書』の「マタイによる福音書」（十三章）に、次のような話がありま す。これを読むと、フランス人老夫婦の気持ちがよくわかります。

《イエスは、別のたとえを持ち出して言われた。「天の国は次のようにたとえられる。ある人が良い種《たね》を畑に蒔《ま》いた。人々が眠っている間に、敵が来て、麦の中に毒麦を蒔いて行った。芽が出て、実ってみると、毒麦も現れた。僕《しもべ》たちが主人のところに来て言った。『だんなさま、畑には良い種をお蒔きになったではありませんか。どこから毒麦が入ったのでしょう。』主人は、『敵の仕業だ』と言った。そこで、僕たちが、『では、行って抜き集めておきましょうか』と言うと、主人は言った。『いや、毒麦を集めるとき、麦まで一緒に抜くかもしれない。刈り入れまで、両方とも育つままにしておきなさい。刈

り入れの時、「まず毒麦を集め、焼くためにに束《たば》にし、麦の方は集めて倉に入れなさい」と、刈り取る者に言いつけよう。』」》

この話は、これだけでもよくわかります。けれども、じつはイエス自身が、この話の解説をしています。わたしたちはそのイエスの解説を読んでから、この話の解釈をしましょう。

《それから、イエスは群衆を後《あと》に残して家にお入りになった。すると、弟子たちがそばに寄って来て、「畑の毒麦のたとえを説明してください」と言った。イエスはお答えになった。「良い種を蒔く者は人の子、畑は世界、良い種は御国《みくに》の子ら、毒麦は悪い者の子らである。毒麦を蒔いた敵は悪魔、刈り入れは世の終わりのことで、刈り入れる者は天使たちである。だから、毒麦が集められて火で焼かれるように、世の終わりにもそうなるのだ。人の子は天使たちを遣わし、つまずきとなるものすべてと不法を行う者どもを自分の国から集めさせ、燃え盛る炉の中に投げ込ませるのである。彼らは、そこで泣きわめいて歯ぎしりするだろう。そのとき、正しい人々はその父の国で太陽のように輝く。耳のある者は聞きなさい。」》

これではっきりしましたね。

イエスが言っているのは、現世にあっては善人も悪人もともに栄えている。ともに栄えているのですから、悪人に関して言えば、悪人はぬけぬけと生きているわけです。善人よりも悪人のほうが栄えているかもしれません。神は悪人を罰しないのです。

だから、不公平に思われます。

しかし、悪人で裁かれるのは、終末においてです。

終末になって悪人は裁かれ、《燃え盛る炉の中に投げ込ま》れます。すなわち、地獄に堕とされるのです。そのときになってはじめて、悪人は臍《ほぞ》を噬《か》むでしょう。

ということは、もしも地獄がないのであれば、すなわち終末における神の裁きがないのであれば、悪人は大儲けです。だって、そうでしょうよ。この世において悪人は善人にまさる利益を享受しておいて、しかも来世においてその罰を受けないのですから、悪人は得をし、善人は大損です。

それこそ不公平です。

だから、キリスト教徒にとって、天国や地獄がなければならないのです。

けれども、誤解しないでください。キリスト教において、天国や地獄は死後の世界ではありません。このことは第2章の冒頭でも述べましたが、キリスト教における天国と地獄は、

——最後の審判——

を意味しています。この世の終わりにおいて再臨したイエスがわたしたちを裁かれます。そして、毒麦を集めて焼くのが地獄です。

もしもあなたが、キリスト教の天国や地獄を、わたしたちが死後に生まれる世界と考えておられるようであれば、それは完全な誤解です。もっとも、日本のクリスチャンには、そういうふうに誤解している人があんがい多いようです。キリスト教にとって、そういう誤解がいちばん困るようです。

曖昧な日本人の他界観念

原初経典（というのは、小乗仏教の経典です）の『ダンマパダ』に、イエスの言葉と対比さ

るべき釈迦の言葉があります。

《悪の果報が熟さぬうちは、たとえ悪人といえども幸福でおられる。しかし、悪の果報が熟したときには、悪人は禍《わざわ》いに遇う》（一一九）

《善の果報が熟さぬうちは、たとえ善人といえども禍いに遇う。しかし、善の果報が熟したときには、善人は幸福になる》（一二〇）

この世において、悪人がのさばり、善人が悲しみの涙を流すことがあります。それを見て、わたしたちは、「おかしいではないか？」と言いたくなりますが、それはわたしたちが、

——熟する——

といったことを忘れているからです。釈迦はそのことを言っておられるのです。

仏教は、キリスト教と違って、「最後の審判」といったようなことは説きません。しかし、釈迦は、イエスと同じことを言っているのです。いまは悪人が幸福で、善人が不幸なように見えるかもしれない。それはまだ果報が熟していないからだ。じっと待っていると、必ず果報が熟してくるんだよ、と。それは「毒矢のたとえ」（毒箭の喩）と同じです。

さて、キリスト教の天国や地獄が死後の世界でないのと同じく、仏教の極楽や地獄は死

後の世界ではありません。そのことは、白隠禅師が激怒する武士に向かって、

「それ、そこに地獄がある！」

と言ったことでもおわかりいただけると思います。ある意味では、わたしたちの心の中に極楽や地獄があるのです。

おもしろい道歌があります。

《極楽は　西にはあらで　東にも
来た（北）道捜《さ》がせ　みんな身（南）にある》

ところが、にもかかわらず……。

どうも日本人は、極楽世界を死後の世界と考えてしまいます。

そして、その影響なんだと思いますが、日本のキリスト教徒は、天国といったものを「神の支配」とは考えられず、死後の世界と考えてしまうのです。その結果、新聞の報道記事などに、

「天国に行ったお父さんへ」

といった見出しが載ります。「極楽に行ったお父さんへ」では抹香臭い、「天国」のほう

がスマートだ、というわけでしょうか。この点では、日本は仏教国ではなしにキリスト教国なんですね。

では、なぜ日本人は、極楽にしろ天国にしろ、それを死後の世界と思ってしまうのでしょうか……？

理由は単純です。これは日本人だけではなしに中国人にも言えることですが、日本や中国には、民族に固有の他界観念（死後の世界の観念）がなかったからです。

古代の日本人の他界観念は、あまりはっきりしたものではありません。どうやら日本人は、漠然と三つの、

——あの世——

を考えていたようです。その三つを、

1　山中他界
2　地中他界
3　海上他界（海底他界も含まれています）

と名づけておきましょう。

地中他界というのは、地下にある黄泉《よみ》の国です。これは根《ね》の国とも呼ばれます。『古事記』の記述だと「根堅州国《ねのかたすこく》」です。スサノオノミコト（素戔嗚尊）が治める国とされています。

ところが、話がややこしくなるのは、根の国はたんに地下の世界ではなく、海の彼方の遠くにある、とも考えられていたらしいのです。そうすると、それは海上他界です。しかもこの海上他界が、場合によっては龍宮城のように海の底にあるとも考えられていたのです。ややこしいですね。

山中他界というのは、死者が山の中の谷に葬られたところから、死者の国は山中にあると考えられたのだと思われます。

まあ、ともかく、日本人の他界観はあまりにも多様です。

ということは、日本人は、あまり死後の世界を考えていなかったのです。

わたしは子どものころ、お盆のときに祖母に質問しました。

「お婆ちゃん、ご先祖さまはどこからわが家に帰って来やはるのか……？」

「地獄から」

と祖母は教えてくれました。そして、お盆が終われば、ご先祖さまをお送りします。わたしは祖母に言いました。

「せっかく地獄からわが家に帰って来たのに、なんで再び地獄に戻らんとあかんのか……？」

「いいや、地獄に戻りはるのではない。海の向こうのほとけさまの国に往きはるのや」

ところが、翌年のお盆に、わたしは祖母に同じ質問をしました。

「ご先祖さまは、どこからわが家に戻って来やはったのか？」

「地獄から」

わたしは、祖母の話は矛盾していると抗議したのですが、祖母は、「そやけどなあ、昔からそう言うてるで……」と呟くだけでした。

これが平均的日本人でしょう。日本人の死後の世界観は、かくも曖昧《あいまい》なんです。

日本人とインド人とユダヤ人の民族性

このように、死後の世界についてあまり考えたことのない日本人のところに、仏教が伝

来し、そして「浄土」「極楽世界」といったものを教えてくれました。そうすると、日本人は、

――極楽世界こそが仏教公認の「死後の世界」だ――

と受け取ってしまったのです。同じことがキリスト教にも言えます。すなわち、天国こそがキリスト教公認の「死後の世界」だ、というわけです。

しかし、仏教発祥の地のインド人にあっては、事情は違います。なぜなら、インド人はしっかりとした他界観を持っているからです。

インド人の死後の世界観については、すでに述べてあります。すなわち、インド人は、

――天界・人間世界・修羅の世界・畜生界・餓鬼《がき》の世界・地獄界――

といった六つの輪廻の世界を持っています。人間が死ねば、必ずこの六つの世界のどこかに生まれるのです。それがインド人の公認の「死後の世界」です。

だからインド人は、「浄土」といったものを仏国土、ほとけがおられる国と考えることができるのです。「極楽世界」は阿弥陀仏がおられる国であり、いま現在、阿弥陀仏が説法しておられる（「今現在説法」）土地と考えられるのです。

ついでに言っておきますと、キリスト教の発祥の地のユダヤ人は、総じて死後の世界について考えない民族でした。それじゃあ日本人と同じではないか、と言われそうですが、そこが日本人とだいぶ違っているのです。

というのは、日本人は、

――死後の世界についてあまり考えない――

民族です。ところが、ユダヤ人は、

――死後の世界については考えないと考える――

民族です。おわかりになりますよね。まったく違っているのです。

その点では、ユダヤ人は釈迦に近いかもしれません。釈迦は、死後の世界について「考えるな！」と教えましたが、ユダヤ人は最初から「考えない」ことを実践していたのです。だから、そのユダヤ人にとって、イエスが「神の国」「天国」を説いても、それを死後の世界とまちがえるはずはありません。彼らはイエスが言う「神の国」を、正確に「神の支配」と受け取ることができました。

でも、日本人はだめですね。日本のキリスト教徒は、全部が全部ではありませんが、ほとんどの人が「神の国」「天国」を死後の世界と同義に受け取っています。死後の世界について曖昧にしか考えていない日本人の民族性に由来すると思われます。

方便として描かれた極楽世界の風景

この問題は、あとでもう一度触れることにします。

さて、われわれは、ここで極楽浄土の本質を解説することにします。

われわれは、これまでは浄土一般について論じてきました。もちろん、極楽浄土に言及はしましたが、その場合でも浄土の代表として極楽世界をとりあげたのです。

それ故、これまでは、普通名詞としての「浄土」について考察してきました。

しかし、これからは、われわれは固有名詞としての「極楽世界」を考察の対象とします。

そして、その「極楽世界」の本質を明らかにしたいのです。

さて、極楽世界は阿弥陀仏が建立《こんりゅう》された仏国土です。

いま簡単に極楽世界を紹介しましたが、おそらくここに極楽世界の本質がありそうです。

ですから読者は、この、

――極楽世界は阿弥陀仏の建立された仏国土である――

といった言葉を記憶に留めておいてください。

極楽世界は、サンスクリット語で〝スカーヴァティー〟といい、「楽のあるところ」といった意味です。「極楽世界」と訳されるほか、「安楽園」「安養浄土」とも訳されます。

すでに述べましたように、『阿弥陀経』には、

《これより西方《さいほう》、十万億の仏土《ぶつど》を過ぎて、世界あり、名づけて極楽という》

と、この極楽世界のあり場所が「西方」と紹介されています。これを読んで、いったい「西方」とはどこなんだ？　宇宙空間に西や東があるのか？　と揚げ足取りはしないでください。わたしたちが考察したいのは極楽浄土の本質です。西や東といった属性は無視せよ、とまでは言いませんが、あまりこだわらないことにしましょう。

いえ、じつをいえば、この極楽世界は、

――方便――

として設定されている、と考えることができます。

わたしたちは何か手掛かりがないと、物事を想像しにくいのです。極楽世界が宇宙のどこかにあると言われただけでは困ります。具体的に「西の方角」と特定してもらったほうが助かるのです。

方角ばかりでなく、極楽世界の風景も同じです。

《又《また》、舎利弗《しゃりほつ》よ、極楽国土には、七重の欄楯《らんじゅん》、七重の羅網《らもう》、七重の行樹《ごうじゅ》ありて、皆、是《こ》れ四宝をもって周帀《しゅうそう》し、囲繞《いにょう》せり。是の故に、彼《か》の国を名づけて極楽と曰《い》う。

又、舎利弗よ、極楽国土には、七宝の池有《あ》り。八功徳《くどく》の水《すい》、其《そ》の中に充満す。池底《ちてい》には純《もは》ら金沙《こんしゃ》を以《もっ》て地に布《し》けり。四辺の階道は、金《こん》・銀《ごん》・瑠璃《るり》・玻瓈《はり》より合成《ごうじょう》す。上に楼《ろう》閣有《かくあ》り。また、金・銀・瑠璃・玻瓈・硨磲《しゃこ》・赤珠《しゃくしゅ》・馬碯《めのう》を以て、之《これ》を厳飾《ごんじき》す。池中《ちちゅう》の蓮《れん》華《げ》、大いさ車輪の如《ごと》し。青色《しょうしき》には青光《しょうこう》、黄色《おうしき》には黄光《おうこう》、赤色《しゃくしき》には赤光《しゃくこう》、白色《びゃくしき》には白光《びゃくこう》ありて、微妙《みみょう》・香潔《こうけつ》なり。舎利弗よ、極楽国土には、是《かく》の如《ごと》き功徳の荘厳《しょうごん》を成就せり》

これは、『阿弥陀経』が描写する極楽世界の風景です。

どうもこの風景は、日本人にはいただけませんね。金・銀・瑠璃・玻瓈……といった宝石貴金属で出来た楼閣なんて、日本人にはあまりありがたくありません。こういうものを喜ぶのは、たぶんインド人だからでしょう。経典はインドでつくられたものだからそうなるのですが、ともかくわたしたちに浄土を想像させる一つの手掛かりとして、このような「風景」を提供してくれているのだと思います。

阿弥陀仏の本体と方便としての現れ

その点では、この極楽世界の教主である阿弥陀仏に関しても同じです。

阿弥陀仏の別名を無量寿仏といいますが、『観無量寿経』は、その無量な仏を次のように描写しています。

《阿難よ、まさに知るべし。無量寿仏の身は、百千万億の夜摩天《やまてん》の閻浮檀金《えんぶだごん》の色の如《ごと》し。仏身の高さは、六十万億那由他《なゆた》恒河《ごうが》沙由旬《しゃゆじゅん》なり。眉間《みけん》の白毫《びゃくごう》は、右に旋《めぐ》りて婉転《えんでん》し、五つの須弥山《しゅみせん》の如《ごと》し。仏眼《ぶつげん》は、四大海水の如く、青白《しょうびゃく》にして分明《ふんみょう》なり。身の諸《もろもろ》の毛孔《もうく》より、光明を演出し、須弥山の如し》

これは、無量寿仏が巨大であることを言っています。〝由旬《ゆじゅん》〟というのは長さの単位で、諸説がありますが、わたしは十キロと計算しています。十キロといえば、富士山の高さが約三・八キロですから、富士山の三倍近くもあります。それを六十万億倍し、さらに那由《な》《ゆ》他《た》（これは「数えきれない」といった意味）倍し、恒河沙《ごうがしゃ》（ガンジス河の砂の数）倍したのが、無量寿仏の身長です。

ともかく馬鹿でかいのです。

そして、その毛穴から光が発しており、毛穴の大きさが須弥山ぐらいといいます。須弥山は古代のインド人の、想像上の山で、高さが八万由旬（八十万キロ）です。地球と月の距離が約四十万キロですから、だいたいの見当がつきますね。

古代のインド人は、ものすごいものを想像したわけです。

しかし、現代人は、膨張しつつある宇宙といった宇宙論を学んでいますから、このような大きさに驚くことはないでしょう。無限の中にあってはどんな巨大さも、ものの数ではありません。

まあ、それにしても、ここに描かれた無量寿仏（阿弥陀仏）は「方便」の存在です。

阿弥陀仏の本体・本質は、やはり真理（法）そのものでしょう。したがって、本体としての阿弥陀仏は「法身」です。

わが国、浄土真宗の開祖の親鸞《しんらん》聖人は、その阿弥陀仏の本体（法身）について、

《法身はいろもなし、かたちもましまさず。しかれば、こころもおよばれず、ことばもたえたり》（『唯信鈔文意《ゆいしんしょうもんい》』）

と言っています。阿弥陀仏の法身（本体）は、色も形もありません。それじゃあ、わたしたちはそれを認識することができません。「ある」とも「ない」とも言えないのです。言葉にならないのです。

そこで、

《この一如《いちにょ》よりかたちをあらはして、方便法身と申す御《おん》すがたをしめして、法蔵比丘《ほうぞうびく》となのりたまひて……》（同上）

となったのです。「一如」とは宇宙の真理です。それはまた阿弥陀仏の本体でもあります。その無色・無形の真理そのものである阿弥陀仏が、わたしたち衆生のために姿・形を現されたのが「方便」としての阿弥陀仏です。その「方便」としての阿弥陀仏は、最初は法蔵比丘と名乗られました。この法蔵比丘については、すぐあとで解説します。

親鸞はそのように見ているのです。つまり、姿と形を持たない——ということは、時間と空間の上に存在していないのです——阿弥陀仏の「本体」は、わたしたち人間には認識できません。そうであれば、わたしたちはそれについて語ることもできず、その存在を他者に教えることもできません。だから、阿弥陀仏のほうから、

——方便としての姿・形——

をとってくださったのです。それによって、はじめてわたしたちは阿弥陀仏を認識でき、阿弥陀仏について語ることができるのです。

『無量寿経』『阿弥陀経』が伝える阿弥陀仏や極楽世界は、そのような「方便」としての仏であり世界です。そのことを忘れて、経典の表現にいちいち難癖をつけないでください。

世自在王如来の許で出家した法蔵比丘

では、われわれは、『無量寿経』によって、阿弥陀仏による極楽世界の建立のいきさつを見てみましょう。

経典は、まず、大昔に錠光《じょうこう》如来という過去仏がおられたことからはじまります。

《仏、阿難に告げたもう、「乃往過去《ないおう》、久遠《くおん》の、無量・不可思議・無央数劫《むおうしゅこう》に、錠光如来《じょうこうにょらい》、世に興出《こうしゅつ》して、無量の衆生を教化し度脱《どだつ》し、皆、道を得しめて、乃《すなわ》ち滅度《めつど》を取りたまいき。次に如来あり、名づけて光遠《こうおん》という。次を月光《がっこう》と名づけ、次を栴檀香《せんだんこう》と名づけ、……」》

最初の〝仏〟は釈迦世尊です。お釈迦さまが侍者の阿難（アーナンダ）に言われました。〝乃往過去〟とは、はるかな昔です。〝劫〟というのはほとんど無限ともいえる時間の単位ですが、それを無量倍し、不可思議（考えられないほどの数）倍し、無央数（無数）倍した過去です。その過去に錠光如来という仏が出現され、大勢の衆生を教化し、入滅されました。そして、その次に出現されたのが光遠如来で、その次が月光如来、その次が栴檀香如来で、……と、次々に仏の名前が出てきます。全部で五十三仏の名前があります。

いったいこれは何を言っているのか、ですが、わたしは、「真理の永遠性」だと思います。仏は真理を説かれるのですが、宇宙のはじまりという無限の過去から連綿と、途中で途切れることなくその真理が説きつづけられてきた——と言いたいのです。

そして、そのあとに世自在王《せじざいおう》如来が出現されました。

世自在王如来は、錠光如来から数えると五十四番目になります。しかし、錠光如来が宇宙開闢《かいびゃく》の仏というわけではありません。それ以前に無量無数の仏がいたはずです。ですから、五十四番目という数字には別段意味がありません。

その世自在王如来の時代です。もちろん、はるかな過去の過去の、そのまた過去の時代です。

その時代に一人の国王がいました。この国王が……。

《時に国王有《あ》り、仏の説法を聞きて、心に悦予《えつよ》を懐き、尋《すなわ》ち無上正真道《むじょうしょうしんどう》の意《こころ》を発《おこ》しき。国を棄て、王を捐《す》てて、行じて沙門《しゃもん》と作《な》り、号して法蔵《ほうぞう》と曰《い》えり。高才・勇哲にして、世と超異せり》

この国王が世自在王如来の説法を聴聞し、非常に喜んで、この上ない悟りを求める心を起こして、国も王位も捨てて沙門（出家修行者）となりました。

それが法蔵菩薩《ほうぞうぼさつ》です。〝菩薩〟とは、仏になる前の段階の人です。法蔵菩薩は出家して沙門になったので、法蔵比丘《びく》とも呼ばれます。比丘は男性の出家者です。

法蔵の、サンスクリット語名はダルマカーラです。彼は高才・勇哲で、世間の人とはまったく異なっていました。

二百一十億の浄土の特徴を選びとる

さて、法蔵比丘は世自在王如来に願い出ます。

《我《われ》、無上正覚《しょうがく》の心を発《おこ》せり。願くば、仏よ。我がために広く経法を宣《の》べたまえ。我、まさに修行して、仏国の、清浄に荘厳せられたる無量の妙土《みょうど》を摂取《せっしゅ》すべし。我をして、世に於《お》いて、速《すみや》かに正覚を成じ、諸《もろもろ》の生死の勤苦《ごんく》の本《もと》を抜かしめたまえ》

――わたしは無上の正覚を求める心を起こしました。願わくば仏よ、わたしのために広く教えを説いてください。わたしはこれから修行して、諸仏の国土のすぐれた特質を選びとって、わたし自身の清浄に荘厳された妙なる国土を建立しようと思います。どうかわたしに、この世において速やかに正しい悟りを得させてくださり、生死の苦しみの本を取り除かせてください。

ここで法蔵比丘は、独自の浄土の建立を発願しているのです。浄土は仏国土です。彼は自分の仏国土を持ちたいと願ったのです。

その仏国土は「極楽世界」と名づけられますが、それは建立されたのちに名づけられるものです。この発願の時点では、それはまだ無名の仏国土でした。

彼が建立したい仏国土の特徴は、すでに存在している諸仏の仏国土の長所を、

――選びとっている――

ことです。諸仏の浄土は決して同じではありません。いろいろと特質があります。法蔵比丘は、その特質の中から自分がすばらしいと思うものを選びとりたいと考えました。

何のためでしょうか……？　『無量寿経』の記述では、この段階ではまだ何のためかはわかりません。あれこれ、いいところばかりを寄せ集めようというのは、考えようによれば虫のいいエゴイズムにも思えます。

しかし、のちに法蔵比丘が立てた四十八の誓願を見るなら、その「何のために……？」が、

――すべての衆生を救うため――

であることがわかります。彼は一人も漏れなく、苦悩する人々を救いたかったのです。そのためには、諸仏の浄土の特質を選びとった独自の仏国土を建立せねばならないのです。その点はおわかりになりますよね。たとえば、薬師如来は衆生の病苦を除く仏です。したがって、その仏国土である浄瑠璃《じょうるり》世界は病人を救う特徴があります。しかし、貧乏人・犯罪者・音痴を救われるのはどの仏でしょうか？　わたしもよく知りませんが、あらゆる人を救おうとすれば、病人を救うだけではなしに、貧乏人を救うための手だて、犯罪者を救う手段、音痴を救う方便が必要です。それには、薬師如来の浄土ばかりでなしに、他の多くの仏国土の特質を学ぶ必要があります。それが、法蔵比丘の願いでしょう。

その法蔵比丘の願いを、世自在王仏はいったんは拒絶します。けれども、法蔵比丘が、再度願い出たとき、世自在王仏は、

――二百一十億の諸仏の刹土《せつど》（国土）――

の特質を説かれ、そこに展開している光景を語って聞かせられました。

この二百一十億という数字は、一説によると、全宇宙の浄土の数だそうです。でも、わたしは、それにしては少なすぎると思いますね。

この世自在王仏の教導によって、法蔵菩薩はみずからの仏国土である極楽世界の建立を決意し、そのための、

——四十八願——

を立てました。そして彼はのちに仏（その名を阿弥陀といいます）となることができたので、この四十八願を、

——阿弥陀仏の本願——

ともいいます。〝本願〟というのは、「過去または以前に立てられた誓願」の意味で、仏になる以前の法蔵菩薩のときに立てた誓願だからです。

「誓願」の構造

で、その「四十八願」ですが、これを全部解説するには相当のスペースが必要です。そこで、そのうちの二、三を選んで解説します。

まず第一願です。

《たとい我、仏を得んに、国に地獄・餓鬼・畜生あらば、正覚を取らじ》

「たとい我、仏を得んに」は、漢文では「設我得仏《せつがとくぶつ》」です。もしもわたしが修行の結果、将来、仏になる資格が得られても……といった意味です。

そして、「正覚を取らじ」は「不取正覚《ふしゅしょうがく》」。

じつは、四十八願のすべてが、この、

「説我得仏……不取正覚」

「たとい我、仏を得んに……正覚を取らじ」

の形式になっています。

そもそも「誓願」というのは、サンスクリット語で〝プラニダーナ〟といいますが、これは「前に置く」といった意味です。修行の前に立てる願です。

そして、〝修行〟と〝修業〟は違います。「修業」のほうは、茶道や華道、あるいは柔道や野球、料理などの修業がそうであるように、自分の利益を目指しています。自分が上達したいのです。しかし、「修行」のほうは、他者の利益のためにするものです。

いま、法蔵菩薩の修行も、すべての衆生を救うという他者の利益のためになされるものです。すべての人を救うために自分が仏になるのです。自分の利益のために仏になるのではありません。

それが四十八願です。だから、もしもわたしが仏になることができても、修行の結果、自分が仏になる資格を獲得しても、そこに出来る仏国土が次の四十八の条件を充たしていないならば、わたしは仏にならない――そう誓っています。

そして、法蔵菩薩は修行の結果、実際に仏（阿弥陀仏）になりました。だとすると、彼が建立した仏国土（極楽世界）は、修行の前に立てた四十八の誓願の条件を充たしているのです。つまり、四十八願の通りの仏国土であるのです。

もっとも、ちょっと茶々を入れるようですが、この誓願の形式は国会議員の公約に似ています。選挙の前に、彼は、「わたしが当選すればこれこれのことをします」と公約します。でも、当選すれば、その公約はほとんど忘れられてしまいます。ひどい場合には、公約と反対のことをします。

それから考えると、法蔵菩薩の公約（誓願）も当てにならないとも言えます。

ですが、それは違うのです。仏になったということと、国会議員になったということの重味が違います。国会議員の公約は人間的次元の問題ですから、当てにはなりません。しかし、仏の次元での誓願は絶対にまちがいはありません。

だから、四十八の誓願は、全部成就しています。阿弥陀仏の仏国土である極楽世界は、四十八願の通りの世界になっているのです。

そこで第一願ですが、《たとい我、仏を得んに、国に地獄・餓鬼・畜生あらば、正覚を取らじ》とありましたが、その誓願は実現しています。すなわち、極楽世界には地獄・餓鬼・畜生はありません。

と、断言して、ふと思い出したのですが、『阿弥陀経』には、

《復《ま》た次に、舎利弗《しゃりほつ》よ。彼《か》の国には常に種々の奇妙なる雑色《ざつしき》の鳥有《あ》り。白鵠《びやつこう》・孔雀《くじやく》・鸚《おう》鵡《む》・舎利《しゃり》・迦陵頻伽《かりようびんが》・共命之鳥《ぐみようしちよう》なり。是《こ》の諸《もろもろ》の衆鳥《しゆちよう》、昼夜六時に和雅《わげ》の音《こえ》を出す》

とありました。極楽世界に鳥がいるではありませんか。鳥は明らかに畜生ですよ。矛盾していませんか。そう言いたくなります。

でも、大丈夫。だから、『阿弥陀経』は、つづけてこう言っているのです。

《舎利弗よ、汝、此《こ》の鳥は実に是れ罪報の所生なりと謂《い》う勿《なか》れ。所以《ゆえ》はいかん。彼《か》の仏

国土には三悪趣《さんまくしゅ》なければなり。舎利弗よ、其《そ》の仏国土には尚《なお》、三悪道《さんまくどう》の名なし。いかにいわんや、実あらんや。是の諸の衆鳥は皆、是れ阿弥陀仏の、法音《ほうおん》を宣流《せんる》せしめんと欲する変化《へんげ》の所作《しょさ》なり》

三悪趣、三悪道は、地獄、餓鬼、畜生です。極楽世界にはこの三つの存在はありません。いや、名前すらないのです。だから、実態があるわけがない。では、白鵠や孔雀、鸚鵡といった鳥は何なのですか……？　それは、阿弥陀仏の変化身《へんげしん》だ――というのです。

おもしろいですね。二十年ほど前、『阿弥陀経』を読んだとき、なんで『阿弥陀経』がこんなことを言っているのか、どうも納得できませんでした。極楽世界に鳥がいたっていいではないか。それをなぜ問題にするのだろう……と、わからなかったのですが、『阿弥陀経』は『無量寿経』の「四十八願」を前提にしているのですね。よくわかりました。

好醜のない世界をつくりたい

法蔵菩薩は、三悪趣――地獄・餓鬼・畜生――のない世界を建立したかったのです。それが第一願でした。

もう一つ、例を出します。

第四願です。

《たとい我、仏を得んに、国中の人天、形色《ぎょうしき》不同にして、好醜《こうしゅ》あらば、正覚を取らじ》

国中の人天というのは、極楽園の人間と天人です。三悪趣がないから、これがこの国の衆生になります。法蔵菩薩の願いは、極楽世界の衆生に、色・形の異なりがなく、美醜の差別がないようにしたいのです。

この第四願の理解は、なかなかむずかしいですね。

ちょっと考えると、色・形の差異がなく、美醜の差別がないようにするのであれば、すべての人をまったく同じにしてしまえばいいとなります。黒人・黄色人種・白人の差別をなくすには、全員が青か緑になればいい。美男子と醜い男の差別をなくすには、全員が寸分違わぬ一卵性双生児のようになればいいのです。

そうすると、第四願が成就します。

でも、それが第四願の趣旨でしょうか。

機械のロボットのような、個性のない規格品の人間をつくることを、法蔵菩薩が願ったのですか?! わたしにはそうは思えません。

そこのところを、もう一度考えてみる必要があります。

そうですね、われわれの住むこの娑婆世界には、たしかに美醜があります。美醜があるのは、姿・形が同じでないからです。違いがあれば、そこに好き・嫌いの感情が発生するからです。

では、全員をまったく同じ姿・形にすればいいのですか……? どうやら現代日本の教育は、平等ということで、何から何まで全員を同じにしようとしているようですが、わたしはそれは馬鹿げたことだと思うのです。アメリカ人も「平等」を言いますが、それはスタート時点での平等で、競争が終わったあとで差異が生ずるのは認めます。ですが、日本人の言う「平等」は、最終的な平等であって、小学校の運動会で走ったあと、ゴールの前で全員が手をつないでゴールインするようなものです。おかしな平等、というより悪平等ですよね。

法蔵菩薩の第四願は、そんな「平等」ではないでしょう。

勘違いしないでください。われわれのこの娑婆に美醜の差別があるのは、われわれがそれにこだわっているからです。

それについては、江戸前期の黄檗宗の禅僧の鉄眼禅師がこう言っています。

《影にまよふを凡夫といひ、鏡を見るを聖人といふ。たとへをとりてこれをいはば、金にてさまざまの物のかたちをつくりたるがごとし。その形よりこれを見れば、鬼はおそろしく、仏はたつとく（貴）、老たるはかたちしわ（皺）み、わかきはかほ（顔）うるはし、つる（鶴）ははぎ（脛）ながく、かもはあしみじかし……。金《こがね》のかたまりこれを見れば、鬼もこがね、仏もこがね、男女の差別《しやべつ》なく、身分の高下もなく、つるのながきも金なれば、鴨のみじかきも金なり……》（『仮名法語』）

純金の像を溶かして金の延べ棒を造るのであれば、誰も形にはこだわりません。ただ重さが同じであればいいのです。

娑婆世界に生きるわれわれは、形にこだわってものを見ますが、阿弥陀仏の極楽浄土では形にこだわる者がいません。いっさいの衆生が同等に尊重されるのです。そうであれば、そこに美醜がないのです。

つまり、法蔵菩薩の第四願が実現されています。

わたしは、そのように理解しています。

そうだとすれば、「形色不問にして、好醜ある」娑婆世界に生きるわれわれも、お浄土のこころを持って生きればいいわけです。お浄土のこころとは、いっさいの衆生を同等に尊重することではないでしょうか。わたしたちは、差別のこころで生きるから、この娑婆の世界は地獄になるのです。すべての衆生を拝む気持ちがあれば、地獄・餓鬼・畜生といった三悪趣は消失します。それが第一願です。

そういえば、『法華経』の「常不軽菩薩品第二十《じょうふきょうぼさつぼん》」に登場する常不軽菩薩がおられます。常不軽菩薩は、釈迦世尊の、過去世における姿です。法蔵菩薩が修行の結果、のちに阿弥陀仏になられたように、常不軽菩薩は修行の結果、のちに釈迦仏になられたのです。

では、常不軽菩薩はどのような修行をされたのでしょうか？　それは、

――礼拝行――

です。彼は道で出会う人を、誰彼の差別なく、

《我《われ》、深く汝等《なんだち》を敬う、敢《あえ》て軽慢《きょうまん》せず。所以《ゆえ》は何《いか》ん。汝等、皆、菩薩の道《どう》を行じて、当《まさ》

に作仏《さぶつ》することを得べし》

と言って拝みました。「わたしはあなたがたを敬い、軽んじません。なぜなら、あなたがたは菩薩の道を歩んでおられ、将来、必ず仏になられるからです」というのですね。

この娑婆世界には、極楽浄土と違って地獄が存在しています。しかし、常不軽菩薩のように、すべての人を拝んでいれば、娑婆世界はそのままで浄土になるでしょう。ここに、わたしたちの娑婆世界での生き方が示されていると思います。

極楽世界に生まれると、次は仏になれる

次は第二十二願です。この願は非常に長い願です。

《たとい我《われ》、仏を得んに、他方の仏土の諸《もろもろ》の菩薩衆、我が国に来生し、究竟《くきよう》して必ず一《いっ》生補処《しようふしよ》に至らん。その本願により、自在に化《け》せんとするところの衆生の為《ため》の故に、弘誓《ぐぜい》の鎧《よろい》を被《き》て、徳本を積累《しやくるい》し、一切を度脱《どだつ》し、諸仏の国に遊んで菩薩の行を修し、十方の諸仏如来を供養し、恒沙《ごうじや》無量の衆生を開化《かいけ》して、無上正真の道を立てしめ、常倫《じようりん》に超《ちよう》

出《しゅっ》して、諸地《しょじ》の行《ぎょう》現前し、普賢《ふげん》の徳を修習《しゅじゅう》せんものを除く。もし爾《しか》らずんば、正覚を取らじ》

だいぶむずかしいですね。現代語訳をしておきます。

——たとえわたしが仏となっても、わたしの仏国土（極楽世界）以外の他の諸仏の国々（たとえば娑婆世界）の菩薩たちがわたしの国に生まれて来たとき、それらの菩薩たちに絶対の真理をきわめさせて、必ず次には仏となる位（一生補処）につかせましょう。ただし、それらの菩薩たちがそれぞれの本願を立てており、それぞれが思いのままに済度したいと考えている衆生のために、弘《ひろ》い誓願の鎧を着て、功徳を積んで、すべての人々を解脱させ、諸仏の国に自由に行って菩薩の行をおこない、十方の諸仏如来を供養し、ガンジス河の砂の数ほどの無量の衆生を目覚めさせ、彼らにこの上ない真実の悟りを得させようとする場合は除外します。というのは、そうした菩薩たちは通常の菩薩たちを超えたすぐれた人々であって、すべての悟りの境地の修行をおこなって、善賢菩薩の徳を修得しておられるからです。そして、もしもそうならなければ、わたしが仏となることができたとしても、わたしは正覚を取りません。

現代語訳してもむずかしいですね。

じつは、この第二十二願は、二つに分かれているのです。

前半は、お浄土に生まれた人を、一生補処の位につけよう、というものです。一生補処とは、その一生だけは仏を補う地位にいて、次の生では必ず仏になることが約束されている菩薩をいいます。だから、この願は、極楽浄土に生まれた者を必ず仏にしようという約束です。

そして、後半においては、ただし仏になりたくない者はこの限りにあらず——と言っています。

仏になりたくない者といっても、ひねくれ者だと思わないでください。なぜ仏になりたくないかといえば、他の仏国土に行って衆生済度の仕事がしたいからです。極楽浄土の人はいいのです。極楽浄土の人は、必ず次の生で仏になれます。そこで、他の仏国土に行くのです。

たとえば、この娑婆世界に行くのですね。極楽世界からすれば、この娑婆世界に行く。この娑婆世界からすれば、帰って来るわけです。そして、帰って来て、わたしたち娑婆世界の衆生を救ってくれます。菩薩のままでそういう働きをしたい人は、仏にしないのです。法蔵菩薩がそのことを後半では約束しています。それが第二十二願です。

この娑婆世界に帰って来ること、娑婆世界だけでなしに他の仏国土に行くことがどうして可能かといえば、それは第二十三願です。

《たとい我、仏を得んに、国中の菩薩、仏の神力を承《う》けて、諸仏を供養し、一食《いちじき》の頃《あいだ》に、あまねく無数無量那由他《なゆた》の諸仏の国に至ること能《あた》わずば、正覚を取らじ》

極楽浄土の菩薩が、超能力でもって一食の頃に他の仏国土に行って帰って来られるようにしたいというのです。一食の頃というのは、昼食を摂る前のことのようですが、しかしこれは、サンスクリット語の原文では「朝食前《あさめしまえ》に」となっています。ひょっとしたら「朝飯前」といった言葉は、ここから出たものかもしれません。

読者は、『法華経』が、

――「他方国土」より来た菩薩たち――

に言及しているのを覚えておられますか（一二六ページ参照）。その中には、このように極楽浄土から来た菩薩たちも含まれているわけです。

大乗仏教の経典というのは、それぞれ独立につくられたものですが、このように内容は関連しています。

その意味では、人間のたんなる創作ではありません。大きなほとけの世界の中でつくられたものです。したがって、

——仏説（ほとけが説きたもうたもの）——

です。わたしはそのように信じています。

ともあれ、極楽浄土の本質はおわかりいただけたと思います。

極楽世界は、わたしたちがそこに生まれたならば、必ず仏になれる世界なんです。もちろん、仏にならずに、もうしばらく菩薩のままでいて、他の仏国土——たとえばこの娑婆世界——に行って、衆生済度の仕事をしたい人は別です。そういう人は菩薩のままでいますが、そのほかの人はみんな仏になれます。仏になることが約束されています。それが極楽世界です。

だから、極楽世界は、仏になるための道場です。教団であり、サンガです。

それが極楽世界の本質です。

わたしはそう考えています。

第五章　浄土への往き方

お浄土に管理人はいない

「極楽浄土に生まれると、酒が飲めないんだろ。それなら、俺は地獄のほうがいいよ。地獄に行って、鬼を集めて酒盛りをやっているほうが、よほど楽しい……」

そんなことを言う人がいます。よくいるんです。あなただって、内心そう思っていませんか……。

昔は、わたしはまじめに応えていました。

「あのね、犬の世界では、オシッコがいちばんのご馳走です。いや、かりにそうしておいてください。犬はオシッコを飲むのが大好きなんだ、と。

ところで、ある日、犬の世界の偉い仏教僧のところに法話を聴聞に行った二匹の犬が、その帰途でこんな会話をしていました。

〝おい、あの上人はな、われわれ犬もいいことをすれば、来世は人間に生まれることができると話してくれた。われわれもいいことをして、来世は人間に生まれるように努力しようではないか……〟

〝うん、それはそうしてもいいんだが、どうもわしはあまり気乗りがしない〟

〝なぜだい……?〟

〝あのな、人間に生まれると、オシッコが飲めないではないか。それじゃあ、つまらんよ〟

〝なるほど、なるほど。そうか、人間に生まれるより、やはり来世も犬のほうがいい。犬に生まれてオシッコを飲みたい。わしも人間に生まれるのはいやになった〟

この話を、あなたはどう思いますか……?

いいですか、犬が人間に生まれ変わったなら、そのときは犬は人間のこころになっているのですよ。犬のこころのまま人間に生まれるのではありません。だから、人間に生まれたときは、オシッコを飲みたいなんて思いません。

それと同じです。人間がお浄土の菩薩になって生まれたなら、そのときは人間のこころではなく菩薩のこころになっています。だから、酒を飲みたいなんて思わないのです」

こんなふうに、親切丁寧に説明していました。

しかし、最近はわたしも年寄りになったもので、だいぶ意地が悪くなりました。お浄土に往きたくない――と言われる人に、無理に頼んで往ってもらう必要はない、と思うよう

になったのです。往きたくない人は、その人の勝手です。どうかご自由になさってくださ
い。

じつは、いま言った言葉はあんがいに重要なんです。わたしは意地が悪くなったもので
……と書きましたが、本当はこれはわたしの意地悪ではありません。むしろ親切なのです。

というのは、あなたがお浄土に往きたい気を起こされるか否かは、わたしが関与するこ
とではないからです。そう言えば冷たいように聞こえますが、お浄土はテーマパークでは
ありません。宣伝をしてお客を集める遊楽施設ではないのです。

だから、わたしはお浄土の宣伝をしません。する必要がありません。

それに、もしわたしがお浄土の宣伝をすれば、わたしは傲慢の誹《そし》りを受けるでしょう。な
ぜなら、お浄土の宣伝をすることは、わたしがお浄土の支配人、とまではいかなくても、お
浄土の関係者の意識を持っていることになるからです。

いかなる人間もお浄土の関係者ではありません。

この点は、浄土宗だとか浄土真宗といった教団のありようにもかかわってくることです
が、もしも教団の僧侶が、自分たちをお浄土の関係者（管理者・番人・支配人・代理人・等々）

と思っておられるのであれば、傲慢です。お浄土はあなたがたの所有物ではありませんからね。あなたがたに、誰か信者を、「異端者」「異《い》安心《あんじん》」なんて呼ぶ権利はありませんよ。お浄土の前では、すべての人が平等なんです。

親鸞聖人は次のように言っておられます。

《専修《せんじゅ》念仏のともがらの、わが弟子、ひとの弟子といふ相論《そうろん》の候《そうろ》ふらんこと、もつてのほかの子細《しさい》なり。親鸞は弟子一人《いちにん》ももたず候ふ。そのゆゑは、わがはからひにて、ひとに念仏を申させ候はばこそ、弟子にても候はめ。弥陀《みだ》の御《おん》もよほしにあづかつて念仏申し候ふひとを、わが弟子と申すこと、きはめたる荒涼《こうりょう》のことなり》

――ひたすらにお念仏の道を歩んでいる仲間のあいだで、あれはわが弟子、これはひとの弟子といった言い争いのあること、これはもってのほかのことだ。親鸞には一人の弟子だってない。なぜとならば、わたしが面倒をみてやってその人にお念仏をさせたのであれば、その人はわたしの弟子であろう。しかし、ただ阿弥陀仏のおはからいによってお念仏している人を、わたしの弟子と呼ぶことは、とんでもない思い違いである。

『歎異抄』第六段の親鸞の言葉です。

阿弥陀仏からの招待状

そうなんです。お浄土は、お浄土のうちの極楽世界は、阿弥陀仏の仏国土です。そこでは、阿弥陀仏が主宰者です。

わたしたちは、阿弥陀仏から招待状をいただいてお浄土に往きます。

招待状なしに、こちらのほうから勝手に押しかけて行けるかどうか、知りませんよ。

いえ、かりに招待状なしに押しかけて行けるとしてもですね、酒が飲めないからお浄土なんかに行きたくないと言っている人は、招待状も貰っていないのに、パーティーに行きたくないと言っているのと同じだから、放っておくよりほかないのです。なにもわたしが、招待状がなくても入れてもらえるから、ぜひ阿弥陀仏が開かれているパーティーに行ってごらん、と、お節介を焼く必要はありません。勝手にすればいい。地獄で鬼たちとパーティーをやっていればいいのです。

まあ、ともかく、極楽世界は阿弥陀仏の仏国土です。前章からの続きで言えば、法蔵菩薩が四十八の誓願を立てて、このような仏国土を建立したいと願われた。しかも、わたしが修行して、その修行の結果、仏となることができても、わたしの仏国土が四十八願通りの世界になっていないのであれば、わたしは仏とならない、と、そう誓われたのです。

そして、出家して法蔵比丘となり、五劫《ごこう》という天文学的な、無限ともいうべき時間を修行され、じっと思惟《しい》され、ついに仏——その名を阿弥陀仏といいます——になられました。だから、四十八願は完全に実現されています。四十八願の通りの仏国土になっているのです。

政治家であれば、わたしが当選すればこれこれのことをすると公約を掲げていても、当選すれば公約をほごにする人もいます。しかし、阿弥陀仏は仏であるから、誓願をほごにするわけがないのです。その点では、仏を信じてまちがいありません。

さて、そうすると問題は、お浄土への招待状です。

たぶんわたしたちは、阿弥陀仏からの招待状を受けて、それでお浄土に往くことになるのだと思います。お浄土は阿弥陀仏の土地ですから、その土地に行くには招待状が必要でしょう。それとも、招待状なしにこちらから勝手に押しかけて行くのでしょうか。その場合は、阿弥陀仏の入国許可が必要になります。現代の言葉だとビザ（入国査証）ですね。そういえば、昔は中国に行くには、向こうからの招待状が必要でした。現代では、招待なしで、ビザを取れば中国に行けます。阿弥陀仏の極楽世界に行くには、阿弥陀仏からの招待状が必要か否か、ビザを取ればよいのかどうか、その点を考察してみましょう。

思念の念仏から口称の念仏へ

お浄土の基本理念は「四十八願」です。「四十八願」は、いわば極楽浄土の憲法です。そこで、その憲法を見てみます。

左の三条が関連条項です。

第十八願――

《たとい我《われ》、仏を得んに、十方《じっぽう》の衆生、至心《ししん》に信楽《しんぎょう》して我が国に生まれんと欲して、乃至十念《ないしじゅうねん》せん。もし生まれずんば、正覚を取らじ。唯《ただ》、五逆《ごぎゃく》と正法《しょうぼう》を誹謗《ひほう》せんをば除かん》

第十九願――

《たとい我、仏を得んに、十方の衆生、菩提心《ぼだいしん》を発《おこ》し、諸《もろもろ》の功徳《くどく》を修め、至心に願を発《おこ》して我が国に生まれんと欲せば、寿《いのち》の終る時に臨んで、仮令《もし》、大衆《だいしゅ》と囲繞《いにょう》してその人の前に現ぜずんば、正覚を取らじ》

第二十願――

《たとい我、仏を得んに、十方の衆生、我が名号《みょうごう》を聞きて、念を我が国に係《か》けて、諸の徳本を植えて、至心に廻向《えこう》して我が国に生まれんと欲《おも》わんに、果遂《かすい》せずんば、正覚を取らじ》

一条ずつ解説します。

第十八願は「至心信楽願《ししんしんぎょうがん》」と呼ばれています。

この第十八願が、昔から、四十八願の中で最も重要なものとされています。わが国、浄土宗の元祖の法然上人は（浄土宗では、法然上人を〝元祖〟と呼びます）、この第十八願を、

――念仏往生の願――

と名づけました。

「たとえわたしが仏となっても、十方の衆生が心から喜び信じてわたしの仏国土である極楽世界に生まれたいと思って、少なくとも十念したとします。それで彼らが極楽浄土に生まれることができないのであれば、わたしは正しい悟りを得ません。ただし、五逆の罪を犯した者と、正しい教えを誹謗した者は除外します」

〝乃至《ないし》十念《じゅうねん》〟とあるのを、「少なくとも十念したとします」と訳しておきました。じつはこの言葉の解釈は、昔からいろいろになされてきたのです。

岩波文庫の『浄土三部経（上）』（中村元・早島鏡正・紀野一義訳註）の「註」によりますと、サンスクリット語の原文は、

《極楽浄土に生れたいと願う心を十たび起すことによってでも》

という意味だそうです。

わたしたちは、いま、〝念仏〟といえば、

「南無阿弥陀仏《なむあみだぶつ》」

と口に称《とな》えることだと思っています。しかし、たとえば『大辞林』には、

《[仏]①仏の姿や功徳を心に思い描くこと。②阿弥陀仏の名を唱えること。浄土教では阿

弥陀仏の名を唱えることにより浄土へ救済されると説く》

とありますように、本来は、じっと阿弥陀仏の姿や功徳を心に思い浮かべることでした。つまり、〝観念〟の〝念〟であったわけです。それが②のような口称念仏《くしょうねんぶつ》（阿弥陀仏の名を口に出して称えること）の意味に変わったのは、中国、唐初の浄土教の大成者の善導によってでした。阿弥陀仏の姿や功徳をじっと思念することは、なかなかできることではありません。そこで善導は、誰でもが簡単にできる「南無阿弥陀仏」と口に称える念仏に変えたのです。いや、それが阿弥陀仏の、正確に言えば阿弥陀仏になる前の法蔵菩薩の願いであったと、善導は解釈しました。そして日本の法然や親鸞は、その善導の解釈に従っているのです。

いっさいの衆生の救い

そこで第十八願は、

「十方の衆生が、心の底から喜び信じて、わたしの建立した極楽世界に生まれたいと思って、たった十回ばかりのお念仏を称えたならば、その人たちが極楽世界に生まれるようにしてあげよう」

といった意味になります。だから法然上人は、これを「念仏往生の願」と名づけられたのです。また、この第十八願は、四十八願全体の中心だと言ってもよい願ですから、「王本願」とも呼ばれています。

だとすれば、招待状は要らないのですね。極楽浄土に往きたいと思った人が、「南無阿弥陀仏」と十遍称えたら、もうそれで浄土に往けるようになったのです。十遍というのは、「たった十遍ぐらい」といった意味です。そんなに数多く称える必要はないよ……といった意味だと思ってください。最低十回は必要だと、義務的な回数ではありません。だから、一遍の念仏でもいいのです。もっと極端にいえば、念仏を称えようという心さえあれば、一回の念仏を称えなくてもいい。それが「乃至十念」です。

招待状ばかりか、ビザも要りません。ビザというのは、ときに発行してくれないことがあります。アメリカなどは、ブラック・リストを持っていて、若いころに左翼運動に関係した日本人の入国を拒みます。ビザを発行しないのです。しかし、阿弥陀仏のお浄土には、ビザなしで行けます。
そして、旅費も不要です。西方、十万億仏土の彼方にある極楽世界ですが、『阿弥陀経』の記述によると、
《即得往生《そくとくおうじょう》》
です。臨終の直後、即往生できるのです。瞬間に移住するのですから、日数がかかるわけではありません。したがって、旅費も要らないのです。
それから、「南無阿弥陀仏」の念仏ですが、この〝南無〟は、サンスクリット語の〝ナマス〟あるいは〝ナモー〟の音訳語です。意味は「絶対帰依します」。阿弥陀仏に絶対帰依し、何もかもおまかせしますといった決意表明が「南無阿弥陀仏」です。
つまり、わたしたちが、
「南無阿弥陀仏」（わたしは阿弥陀仏に絶対帰依します。阿弥陀仏よ、わたしをおまかせします）
と称えたとたん、お浄土に往けることになるのです。阿弥陀仏がそのように約束してくださっているから、まちがいないのです。
ところで、第十八願には、もう一つ問題点があります。

それは、

《唯、五逆と正法を誹謗せんをば除かん》（ただし、五逆の罪を犯した者と、正しい教えを誹謗した者は除外します）

といったただし書きがついていることです。

五逆の罪とは、①殺母《せつも》（母を殺す）、②殺父《せつぷ》（父を殺す）、③殺阿羅漢《せつあらかん》（阿羅漢を殺す。阿羅漢とは聖者です）、④出仏身血《しゅつぶつしんけつ》（仏身を傷つけ出血させる）、⑤破和合僧《はわごうそう》（教団を破壊する）の五つの極悪罪です。

正法を誹謗するとは、仏教の教えをそしることです。

阿弥陀仏の願いは、すべての人を救おうというものなのに、このように救いに漏れる人がいることは、なんだか変な気がします。

それに、『観無量寿経』においては、五逆の罪をつくった者も念仏すれば救われる、と説いています。『観無量寿経』は『無量寿経』『阿弥陀経』とともに「浄土三部経」の一経です。この矛盾をどう考えるか、古来さまざまな議論がありました。

しかし、わたしは、仏教には、

――前後の論理――

というものがあると思っています。「前後の論理」はわたしの勝手な命名ですが、あることをする前と、あることをした後では、同じ論理を適用できません。

たとえば、仏教では自殺を悪としています。自殺した者は地獄に堕ちると言っています。だから、自殺してはいけないのです。

けれども、それでは、自殺者に向かって、いえ自殺者はすでに死人ですから何も聞こえませんが、自殺者の両親（あるいは子ども）に向かって、

「おまえの子（親）は地獄に堕ちたんだぞ」

と、あしざまに罵《ののし》ることが仏教者の態度でしょうか……？

違うと思います。

そうではなしに、その場合は、

「あなたの子（親）は、この娑婆世界で苦しかったんだね。でも、ほとけさまの世界で楽になっているよ。いまごろは、阿弥陀さまに抱かれて、にっこり笑っているよ。よかったね……」

と言ってあげるべきです。わたしは、いつでもそう言っています。

ところが、世の中には、この「前後の論理」がわからない人がいます。わたしが、自殺者も犯罪者もほとけさまはお救いになる——と書けば、おまえは自殺してもいいと言うのか、犯罪をやっていいと言うのか、怪しからん！　といった投書を寄こす人がおられます。犯罪をやる前には、もちろん、犯罪をやってはならない——と言うべきです。しかし、犯罪をやってしまったあとでは、いいんだよ、ほとけさまはきっと救ってくださるからね……と言うべきです。

それが「前後の論理」です。

したがって、この五逆の問題も、あくまで罪を犯す前の論理です。わたしはそう考えています。

この点では、『歎異抄』にある親鸞聖人の言葉が思い出されます。《御消息《ごしょうそく》に、「薬あればとて、毒をこのむべからず」と、あそばされて候ふは、……》と、親鸞の言葉を聴いた唯円房が書いています。この御消息（書簡）というのは『末燈《まっとう》鈔《しょう》』です。いかによく効く薬があっても、

「毒を飲んではいけないよ」

と言うはずです。しかし、毒を飲むな、と言ってあるから、阿弥陀仏は毒を飲んだ者を助けないというわけではありません。そこのところの論理をまちがえないでください。

それから、謗法《ほうぼう》（仏教の正しい教えをそしる）の人に関しては、そもそも阿弥陀仏の救いそのものを拒否しているのだから、救いようがありません。だって、その人は「南無阿弥陀仏」と称えてくれないのですから、「南無阿弥陀仏」と称える救いの方法によっては救えないのです。

しかし、阿弥陀仏は、なんらかの手段をもってその人を救われることは確実です。その手段はわたしたちには不明ですが、阿弥陀仏が手段を講じられるであろうことは信じてよいと思います。

発刊に寄せて

ひろさちやの仕事部屋は、机の上や床、あらゆるところに、まるで地層のようにモノが積まれていました。机の上には書きかけの原稿用紙と登場人物のプロフィールや相関図のメモ。これは小説でも書こうとしていたのでしょうか。

床に積まれた封筒やファイルの山から発掘されたのが、『「お迎え」の思想』と題した原稿でした。発刊に際して、「ひろさちやが日頃、お迎えやお念仏についてどのように話していたか、家庭でのエピソードを書いてほしい」との課題をいただきました。安請け合いしてしまったものの、そういえば、「お迎えの思想」に限らず、仏教について、宗教について、面と向かって教えられた記憶がまるでありません。

初めてお墓参りに行ったのは、確か小学六年生の頃。祖父の三十三回忌でした。多くの家庭では、お彼岸とはお墓参りに行くものだと知ったのは、もう少し成長してからのことでした。「どうしてうちは、ちゃんとお墓参りをしないの？」と父に訊くと、「お墓の中にご先祖さまがいる訳じゃないのだから、墓参りする必要はないんだ」と言われ、納得したような、できなかったような……。

また、仏壇も神棚もない家に育ったので、毎朝、お仏壇に手を合わせるといった習慣もありません。友人から、「ひろさちやの娘だから」と仏事についてあれこれ質問されることもありますが、恥ずかしいほどに知識も常識もありません。（私の父は〝ひろさちや〟ではなく、（本名の）増原良彦だから、と言い訳することにしています。）

脳梗塞を発症して入院した際に癌が見つかった父は、「癌であれば治療は受けない。よって、これ以上の検査も不要。すぐに退院させてくれ」と我がままを言い、自宅に戻りました。それから二、三日で数冊の著書のあとがきを書き終えてほっとしたのか、一気に衰弱し、お世話になった方々にお別れの電話をしていました。「もうすぐ死ぬんだ。阿弥陀さまがお迎えに来てくれるんだよ。これまでどうもありがとう」

と。突然、そんな電話を受けた皆さまは、驚き、困惑されたことと思います。

「阿弥陀さまが来てくれるんだ。嬉しいなあ」と言っていた父ですが、心底、お迎えに来ていただく準備ができていたのでしょうか。「もしかしたら（四か月後の自身の）誕生日まで生きられるかなあ」なんて呟いたこともあったので、本音ではもう少し生きたいという気持ちもあったのかもしれません。それでも「阿弥陀さまのお迎えが楽しみだ」と口に出すことがお念仏を称《とな》えることであり、そして自分自身に言い聞かせていたのだと思います。

と同時に、私たち家族にも伝えたかったのでしょう。「阿弥陀さまがお迎えに来てくれるから、心配しなくていい」と。

二〇二二年四月七日。阿弥陀さまがお迎えに来てくださいました。四月七日は父のもう一つの誕生日です。

＊

原稿用紙の最後のページは、次の節の書きかけで終わっていました。まだまだ書きたいこと、伝えたいことがあったのだと思います。私にも「お迎え」が来たら、この続きを聞かせてもらおうと思います。

未完成の原稿ながら出版していただけますこと、そして本書を手にしてくださる皆さまに、亡父に代わってお礼申し上げます。

二〇二四年十月十五日

増原佳子

ひろさちや

一九三六年（昭和十一年）―二〇二二年（令和四年）。大阪市に生まれる。東京大学文学部印度哲学科卒業、東京大学大学院人文科学研究科印度哲学専攻博士課程修了。一九六五年から二十年間、気象大学校教授をつとめる。退職後、仏教をはじめとする宗教の解説書から、仏教的な生き方を綴るエッセイまで幅広く執筆するとともに、全国各地で講演活動を行う。厖大かつ多様で難解な仏教の教えを、逆説やユーモアを駆使して表現される筆致や語り口は、年齢・性別を超えて好評を博する。

おもな著書に、『仏教の歴史（全十巻）』『釈迦』『仏陀』『大乗仏教の真実』（以上春秋社）、『お念仏とは何か』『禅がわかる本』（以上新潮選書）、『のんびり、ゆったり、ほどほどに』『生き方、ちょっと変えてみよう』『〈法華経〉の世界』『法華経』日本語訳』『〈法華経〉の真実』『坐らぬ禅』『〈ゴータマ〉の大予言』（以上佼成出版社）などがある。

「お迎え」の思想――極楽浄土への往《ゆ》き方――

2024年12月15日　初版第１刷発行

著　者　ひろさちや
発行者　中沢純一
発行所　株式会社佼成出版社
〒166-8535　東京都杉並区和田2-7-1
電話　(03) 5385-2317（編集）
　　　(03) 5385-2323（販売）
URL　https://kosei-shuppan.co.jp/
印刷所　錦明印刷株式会社
製本所　株式会社若林製本工場

◎落丁本・乱丁本はお取り替えいたします。

ISBN978-4-333-02932-7　C0015　NDC181/224P/19cm